MW01629887

DETOX FINANCIERO

FERNANDO PALACIO

CON CATALINA CORTÉS

DETOX
FINANCIERO

16 SECRETOS PARA DESINTOXICAR TUS FINANZAS

DETOX FINANCIERO

AGRADECIMIENTOS

Tanto y tantos por agradecer. En nuestra trayectoria como empresarios e inversionistas hemos tenido increíbles mentores que nos han inspirado con su ejemplo y aconsejado con su sabiduría e inteligencia financiera. María Mercedes, un ejemplo de actitud, responsabilidad y dinamismo, la mejor madre posible.

Nuestros primeros mentores, Mario y Betty Orsini, nos enseñaron mucho de los negocios, pero sobretodo de la vida. Hemos contado además con la influencia de personas maravillosas, como Carlos Eduardo Castellanos, Claudia Santos y Camilo Pinto, con quienes hemos aprendido en el campo de batalla.

Ya en el plano de la inteligencia financiera específicamente, agradecemos a maravillosos autores que nos precedieron y en un plano más personal a Vladimir Pándura, un crack en la materia, quien nos ha aconsejado sabiamente.

GRACIAS, GRACIAS, GRACIAS

ÍNDICE

ÍNDICE

TERCERA PARTE: PROSPERIDAD ILIMITADA

INTRODUCCIÓN

"El éxito es un pésimo maestro, convence a las personas inteligentes de que no pueden perder"

-Bill Gates

Existe una enorme ignorancia acerca de cómo se crean la mayoría de las riquezas del mundo. Muchos creen que es cuestión de una herencia o de un golpe de suerte. Otros creen que solo quienes tienen un talento especial o un "don", pueden conseguirlo.

Nada más lejos de la realidad. La mayoría de las fortunas son creadas en una sola vida, empezando con muy poco, con nada, o inclusive en negativo (con deuda). Hoy tenemos un increíble ejemplo de esto y es que las empresas más grandes del mundo, las más atractivas, las de mayor crecimiento, ni siquiera existían hace 5, 10 o 15 años. Compañías como Google, Airbnb, Uber, Rappi, Glovo, Facebook, Amazon e Instagram, son muy recientes y nos demuestran que es posible emprender y crear imperios de la nada y en poco tiempo. Muchas de estas fueron iniciadas por jóvenes desde su dormitorio o garaje, con casi nada de inversión.

En los países de habla hispana existe por otro lado la percepción de que ser rico implica "una gran transacción" o "una gran oportunidad" que, legal o no, los llevará al éxito financiero. Desafortunadamente, la herencia nefasta del narcotráfico y la cultura de los "reality shows" han contribuido en el fortalecimiento de esa creencia colectiva de que alguien, algún día, puede descubrirme y entonces seré rico, exitoso y feliz o aún peor, que los ricos son ricos porque hicieron algo ilegal.

Este pensamiento hace mucho daño, pues en vez de trabajar en sus habilidades personales y desarrollarse como seres humanos, muchas personas se sientan a esperar que algo externo y fortuito les cambie la vida. Es triste ver cómo algunos inclusive llegan a pensar que lo que cambiará sus vidas puede ser un gobierno o un partido político. De esta manera renuncian a su poder y se vuelven víctimas de su entorno.

Podríamos decir que la humanidad sufre de una intoxicación de información financiera incorrecta y dañina. Alguna vez escuché que lo que más daño nos hace no es lo que no sabemos, sino lo que sabemos y que no es verdad. Por eso se hace fundamental hacer una desintoxicación mental de toda esta información falsa y a su vez reemplazar estas mentiras con nuevas ideas que te ayuden a atraer el dinero y a pensar de una manera coherente con tus objetivos financieros. Es lógico sentir una enorme frustración cuando se tienen deseos de conseguir ciertos resultados y al mismo tiempo se albergan creencias y prácticas destructivas que van en contra de esos deseos. De esa contradicción se deriva el nombre de este libro: **DETOX FINANCIERO**. Pretendemos a lo largo de estas páginas, ayudarte a identificar ideas negativas que habitan adentro tuyo y de casi todas las personas, y que han causado la mayoría de sus problemas financieros. Vamos a recorrer juntos un camino para desintoxicarnos de toda esa maleza mental que nos han inculcado y vamos a sembrar nuevas semillas que traerán frutos de prosperidad económica, libertad y posibilidades ilimitadas.

Tras más de 25 años en el mundo del emprendimiento y de las inversiones, podemos decir que no hay nada más alejado de la realidad que ese conjunto de ideas negativas en torno a las finanzas. La riqueza se construye día a día. Primero, trabajando en ti mismo, volviéndote bueno en lo que haces, teniendo claridad sobre lo que quieres en la vida y dedicando tu tiempo a mejorarte como individuo en las áreas necesarias que te llevarán a ser esa persona que tiene esa vida que anhelas. Paralelo a esto, es vital que desarrolles inteligencia financiera para que aprendas a ahorrar e invertir tu dinero. Ahorro e inversión serán el acelerador que permitirá que tus esfuerzos sean la gasolina de un cohete dirigido a la riqueza y que, una vez consigas el éxito, lo conserves.

Lograr riqueza financiera y tener un plan infalible para alcanzarla, requiere decisión y determinación. Este plan requerirá consistencia, disciplina e inteligencia emocional. Sobre todo requerirá de un cambio de valores. Un valor no es más que un concepto o una idea a la que le damos valor nosotros mismos. Puede ser la libertad, el coraje, la seguridad, la familia, etc. El conjunto de valores a los que les damos prioridad, son los que moldean nuestra vida. Por ejemplo, es común que muchos empleados no emprendan porque en su vida prima el valor de "la seguridad". Priorizar "la seguridad" como valor puede llegar al punto de desconocer la realidad de que hoy en día, ser empleado puede ser menos seguro que ser emprendedor. Sin embargo, si crecimos como la mayoría, en un ambiente en que nuestros padres y profesores nos repetían de una y de otra manera el mensaje de que "el empleo es seguro", esta creencia se quedó instalada en nuestra mente subconsciente y si no hacemos algo para cambiarlo, será casi imposible que nos atrevamos a emprender y conquistar una vida diferente.

Lo que nosotros hemos aprendido, observado y verificado en nuestras propias vidas, es que la clave para hacerse rico está en crear un flujo positivo de efectivo (cashflow, en inglés) cada mes, lo cual se logra de una manera muy sencilla: ganando más de lo que gastas, o lo que es lo mismo, con un sentido diferente: ¡gastar menos de lo que ganas! El primer sentido está enfocado en aumentar tus ingresos y el otro en reducir tus gastos. De tu situación financiera actual, depende que uno de estos dos enfoques sea más relevante. Por ejemplo, si tienes unos buenos ingresos que vienen de diferentes fuentes, pero unos gastos descontrolados que no te permiten ver a dónde se va tu dinero y por qué no puedes ahorrar e invertir, el enfoque debe hacerse en *gastar menos de lo que ganas*, es decir, reducir, reestructurar y controlar tus gastos, que no son más que esas grietas por las cuales se escapa tu dinero mes a mes. Por el contrario, si ya vives apretado de gastos y bajarlos aún más disminuiría sustancialmente tu calidad de vida, tu enfoque tiene que *ser ganar más de lo que gastas*, con un enfoque en aumentar tus ingresos y diversificarlos. En todo caso, nuestra experiencia es que la mayoría de las personas necesitan hacer las 2 cosas, aprender a controlar sus gastos, ajustados a un presupuesto y al mismo tiempo, aumentar sus ingresos en cantidad, pero sobre todo en calidad. Todo esto lo aprenderás en este libro.

Cuando tienes un flujo positivo, tienes un problema maravilloso qué resolver: ¿Qué hago con ese dinero extra que me queda cada mes? Esta seguramente será una invitación a adentrarte en el mundo de las inversiones, el cual te permitirá tener una visión sobre un futuro próspero e ilimitado.

Por el contrario, si tus gastos superan tus ingresos, vivirás en un estado mental de pobreza y se te hará muy difícil creer que te espera un futuro diferente y abundante. No encontrarás sentido alguno a establecer un plan de riqueza porque no tienes nada con qué alimentarlo y tu esperanza estará atada a algo tan utópico como ganarse la lotería o acceder a una herencia de algún familiar rico desconocido.

NO CASHFLOW HOY = NO FUTURO PRÓSPERO
¿Así o más claro?

En enero del año 1998 asistí a un gran evento empresarial en Tampa, USA. Al entrar al estadio, un coliseo de hockey con alrededor de 25.000 personas, el grupo de colegas con el que asistí, observábamos a un japonés en las puertas del evento, entregando gratis una serie de casetes de color púrpura. Tenía un Stand que no decía mucho y lo mirábamos como a un vendedor de seguros o algo parecido, desesperado por hacer ventas. La mayoría de las personas que pasaban por su lado lo ignoraban por completo y hasta buscaban evitarlo, desviando su camino. Siendo alrededor de las 11pm llamaron al escenario al siguiente orador y resultó ser el hawaiano-japonés que todos habíamos querido evitar; su nombre: Robert Kiyosaki. Después de escucharlo hablar sobre el ciclo de la rata, el cuadrante del flujo del dinero y los consejos de su padre rico vs. su padre pobre, (que se convertirían en los best sellers de finanzas personales más grandes de todos los tiempos), ¡todos quedamos absolutamente extasiados! Corrimos al stand que habíamos visto al ingresar al evento, para darnos cuenta de que no quedaba nada. ¡Parecía saqueado por vándalos!

El desconocido hombre, para nosotros y para la mayoría del planeta en ese entonces, se convirtió en uno de los gurús modernos de la economía, quien predijo la crisis del 2008, que nadie veía venir y es una eminencia en el mundo del emprendimiento y las inversiones.

Desde ese día me dediqué a estudiar su obra y a leer y a escuchar cuanto material sacara a la venta. No me importaba si era de emprendimiento, pensamiento empresarial, inversiones financieras, inmobiliarias, ventas, oro… He sido un muy buen estudiante de todo el material que ha generado Robert Kiyosaki y siento orgullo al decir que no solo lo he estudiado, sino que lo hemos aplicado con disciplina.

Un par de años después conocí a mi esposa Cata y aunque al principio tuvimos discrepancias con respecto al manejo del dinero, debo decir que una vez ella comprendió los principios que enseña Kiyosaki y comenzó a cambiar su mentalidad hacia una mentalidad empresarial y de inversión, se ha convertido en la mejor socia de negocios que pude imaginarme. En las redes sociales nos encontrarás como Fer y Cata Palacio en Facebook, @ferycatapalacio en Instagram, además de nuestra cuenta de @coach_financiero de Instagram o Coach_Financiero Global en Facebook. En los talleres que ofrecemos, si tenemos la fortuna de llegar a conocernos, somos simplemente Fer y Cata, como también nos referiremos el uno del otro en este libro, pues queremos sentirnos en confianza, como si estuviéramos en la sala de tu casa o tomándonos un café, mientras te compartimos nuestros aprendizajes y experiencias.

En este libro vamos a compartir contigo un sistema completo para que, sin importar dónde estés, te hagas rico. Comenzaremos con diferentes claves y formas de aumentar tu flujo de dinero mensual. Es decir, vamos a hacerte recomendaciones prácticas que puedas aplicar de inmediato para aumentar tus ingresos y para reducir tus gastos. Te enseñaremos cómo, con ese aumento de flujo mensual, podrás crear una Ola. Esta ola empezará por limpiar tus errores financieros del pasado, eliminando tus deudas malas; continuará llenando un estanque de seguridad para que puedas comenzar a ahorrar e invertir y, cuando esa ola tome más fuerza, podrá convertirse en un tsunami que te llevará a tu libertad financiera y a la riqueza. Entonces, la vida que siempre has soñado será una realidad inminente.

Aclaramos que para nosotros la riqueza no se representa por una cifra acumulada en una cuenta bancaria o de inversiones. Nuestro objetivo nunca fue acumular capital. La definición de riqueza puede ser diferente para cada uno y para nosotros significa poder vivir la vida que queremos, sin ninguna limitación, contar con los activos e inversiones que nos provean ese estilo de vida, sin necesidad de trabajar por dinero y aun así, seguir viviendo con un porcentaje de lo que te ganas, para continuar invirtiendo y creciendo tus finanzas personales. En otras palabras, para nosotros ser ricos es tener una experiencia de vida sin límites y en permanente expansión.

Para poder transmitirte cómo lograr todo esto, nos basaremos en nuestra propia aplicación de principios de inteligencia financiera, los cuales venimos aprendiendo desde hace más de 20 años, de la mano de los maestros empresariales y financieros más importantes de mundo. Digo "venimos aprendiendo" porque seguimos aprendiendo y aclaro que aplicamos y verificamos lo que aquí compartimos, porque no nos gusta enseñar algo que no hayamos corroborado nosotros.

Aplicar los principios que compartiremos en este libro nos permitió lograr nuestra libertad financiera; generamos flujo de efectivo con nuestros negocios e inversiones en una cantidad superior a la que gastamos, sin tener que trabajar para nadie y lo logramos antes de los 30. Prosperamos antes de los 40, habiendo construido un portafolio de activos, entre negocios e inversiones, que nos producía un flujo amplio de dinero con el que pudimos vivir en las mejores propiedades, conducir los mejores autos y viajar por el mundo, sin dejar de construir nuestros negocios e inversiones. Hoy en día vivimos una vida sin límites, en la que seguimos creciendo y expandiéndonos. Además, podemos dedicarnos a lo que amamos hacer: compartir principios de inteligencia financiera, emprender, dar conferencias por el mundo y tener tiempo para disfrutar como pareja.

Actualmente vivimos entre Barcelona, España, porque es la ciudad del mundo que más nos gusta y Bogotá, Colombia, nuestro amado país de origen. Hemos tenido épocas en las que hemos pasado una tercera parte del año en Bogotá, otra en Barcelona y otra viajando por el mundo, hospedados en los mejores hoteles y disfrutando del mejor turismo. No nos sentimos atados a ningún lugar y podemos diseñar cada día como queremos, y eso muchas veces quiere decir, quedarnos en casa o dar un paseo con nuestro perro, sin ninguna prisa. Te compartimos esto sin pretender ser más ni mejores que nadie, tampoco por ostentar o presumir; lo hacemos porque sabemos que cualquier persona que, con dedicación y empeño, aplique los principios de inteligencia financiera que enseñaremos en este libro y se convierta en un estudiante activo y eterno de la inteligencia financiera, puede construir lo que nosotros hemos construido y sin duda, mucho, mucho más. Te compartimos todo esto porque queremos que, sin importar dónde estás ahora, tengas fe de que puedes cambiar tu futuro y puedes comenzar hoy mismo.

Queremos que sepas que hemos fracasado muchas veces en negocios y en inversiones, hemos perdido mucho dinero; negocios que parecían infalibles, con los socios perfectos y el capital necesario, se han ido a la quiebra a la velocidad de la luz. Hemos hecho inversiones que nos vendieron como "100% seguras" y han fracasado. Han habido momentos en que sentimos que lo hemos perdido todo y hemos tenido que volver a comenzar, no de cero precisamente, sino con un saldo negativo de cientos de miles de dólares, después de liquidarlo todo. Si has perdido y te has caído, queremos decirte que ahí está tu mayor tesoro. No mucho se aprende en las cumbres de las montañas del éxito. Muchas veces las victorias nos inflan el ego y nos impiden ver las lecciones. Por el contrario, en las derrotas, en las caídas y en los valles de la vida, donde nos sentimos estancados y pareciera que nada está sucediendo, es donde está la verdadera enseñanza. Si somos capaces de liberarnos de la autocompasión y la culpa, es en esas caídas donde crecemos, es allí donde nos hacemos mejores y más resistentes. Ese es también nuestro caso, fue en las caídas cuando aprendimos los mayores tesoros y enseñanzas de nuestra vida. Además, tengamos presente que cada vez que subimos a la cumbre de una montaña, no nos queda más que bajar, para después poder volver a subir. Con el tiempo, aprendimos a no pedir por una vida sin problemas o sin valles, ahora pedimos la sabiduría para aprender en esas caídas y valles y cosechar después los frutos de esas semillas de aprendizaje en los momentos duros. En la mayoría de los casos, esos frutos se manifiestan como mejoras en ti mismo, en tus habilidades, en tu calidad como ser humano y en tu nivel de consciencia. Así que, querido lector, si estás caído, has tenido caídas o has estado en valles en tu vida, no te preocupes, ocúpate más bien en aprender la lección que esa situación vino a enseñarte. Entiende cómo ese valle se presenta para mostrarte lo que no quieres en tu vida y para darte una de las dos claves más importantes para triunfar: claridad. Cuando tienes claridad de lo que quieres en tu vida, estás ya al 50% del camino y la mejor forma de obtenerla, es casi siempre teniendo claro qué es lo que no quieres. La otra clave fundamental del éxito es la energía, la cual se deriva de la pasión y del amor por lo que haces. En otra ocasión ya hablaremos más de cómo, cuando esas dos claves se juntan en la vida, somos capaces de construir lo que sea.

Hemos sido afortunados de contar con maestros y de construir relaciones con personas espectaculares que se han convertido en nuestros mentores, en diferentes aspectos de nuestras vidas; así como también hemos conocido personas que nos han decepcionado por su incongruencia y que a la hora de la verdad lo que dicen es puro humo.

Desafortunadamente existen hoy muchos "coach" que te dan las claves del éxito, pero cuando observas sus vidas, te gustaría recomendarles que aplicaran esas mismas claves para ellos. Alguna vez escuché al gran Tony Robbins decir: no mires la boca moverse, mira los pies moverse y el camino recorrido. La primera recomendación que te haré es que no sigas los consejos de alguien que no tiene en su propia vida los resultados que estás buscando. Siendo así, cuando alguien te recomiende una inversión, pregúntale si él o ella invierte en ese producto que te está recomendando y pídele que te muestre los resultados que ha obtenido. De la misma forma, si te recomiendan un plan financiero o claves del éxito, pregúntales qué resultados tienen, a partir de haber aplicado ese plan y esas claves.

Toma este libro como una guía práctica. Habrá consejos que puedes aplicar de inmediato y otros que descartarás de plano. Dejarás algunos otros para más adelante y en una segunda lectura, tal vez en unos meses o años, los redescubrirás, cayendo en cuenta de que ahora sí es tu momento.

Nuestro deseo es que esto te ayude a lograr una vida próspera e ilimitada bajo tus propios términos.

UNA NUEVA CONSCIENCIA FINANCIERA

FLUJO, FLUJO, FLUJO, CASHFLOW, CASHFLOW, CASHFLOW.

¿Seré rico o seré pobre? ¿Qué me deparará el futuro? ¿Tendré éxito? Oh, bola de cristal… dime ¿qué será de mí?… Voy a jugar a encestar este papel en el cesto de la basura… si lo encesto, seré rico, si fallo seré pobre… mmm… fallé… bueno… 2 de 3 intentos… o ¿3 de 5??? ¡Vamos… admítelo!… ¡Todos lo hemos hecho!

Muchas personas creen que están a la deriva y que no tienen ningún control sobre sus vidas o sus futuros. Como lo hablamos, son como la pluma de Forrest Gump en la película, esperando a ver qué viento sopla. Como no tienen ni idea de cómo operan las leyes del dinero y no tienen un plan para prosperar, en su mente no entienden cómo se harán ricos y entonces, delegan la posibilidad de serlo a la suerte.

Quiero decirte que sí podemos predecir nuestro futuro económico. No depende de la bola de cristal o de que encestes ese próximo papel en el cesto de la basura. Depende de dos cosas, la primera es de tu flujo de caja mensual (cashflow), es decir, de cuánto te queda a fin de mes después de ganar y gastar. La segunda depende de tu habilidad de invertir ese dinero con inteligencia, encontrando buenas tasas de retorno con un riesgo bajo o moderado. De esa segunda habilidad hablaremos más adelante pues cobra relevancia solo cuando hayas hecho un buen trabajo para generar ese flujo de caja mensual.

Cuando leemos libros de inteligencia financiera, los americanos, expertos en hacer dinero, repiten una y otra vez: cashflow, cashflow, cashflow… flujo de caja, ese chorro de efectivo que tienes cada mes, libre para ahorrar e invertir. La semilla del dinero es el dinero. Si no tienes semillas para sembrar no puedes cosechar. Si a fin de mes no te queda nada o lo que es peor, gastas más de lo que ganas y te endeudas, no podrás ahorrar para invertir.

Déjame ponértelo muy claro:

NO CASHFLOW = NO POSIBILIDADES DE LIBERTAD FINANCIERA.

De aquí proviene uno de los principios más importantes de la inteligencia financiera. No importa cuánto te ganas, importa cuánto te queda a fin de mes. Como lo veremos a fondo en el capítulo "Llegó el momento de… ¡Aumentar tus ingresos!", existe una idea generalizada en el inconsciente colectivo y es una espantosa mentira. Esta idea es creer que si ganas más dinero, solucionarás tus problemas financieros. El que se gana 1000, cree que si tan solo se ganara 1500 o 2000 todo estaría solucionado. El que se gana 2000 cree que la solución son 3000, el que se gana 5000 quiere 7000 y podemos continuar dando ejemplos hasta cualquier cifra.

Se ha comprobado que cuando una persona aumenta sus ingresos, en los próximos 60-90 días aumentan sus gastos en la misma proporción o más. Hasta existe una ley que habla de esto, que se llama la segunda Ley de Parkinson:

"LOS GASTOS AUMENTAN HASTA CUBRIR TODOS LOS INGRESOS".

-Cyril Northcote Parkinson (Historiador, Profesor Universitario y Escritor de más de 60 libros)

Revísalo y lo verás. Es pura estadística. ¿Cómo es eso posible? Primero aumenta lo obvio, al aumentar tus ingresos se incrementa el costo que pagas por la seguridad social y también los impuestos. Por otro lado, tu mente se acomoda a la nueva cifra y puesto que no traemos una mentalidad de prosperidad, encontramos cómo hacer uso de ese excedente de la manera más rápida y casi siempre ineficiente. Tu ego aumenta a la par de tus ingresos, haciéndote sentir merecedor de cosas más lujosas y costosas.

Proporcionalmente verás los precios más bajos comparados con lo que ganas y eso te impulsará a gastar más. Recuerdo una vez que viajamos con mi esposa Cata, hace muchos años, a la República Dominicana. Íbamos a dar una serie de conferencias remuneradas sobre emprendimiento, con todos los gastos pagos. Fue una de nuestras primeras experiencias como oradores internacionales. El vuelo en el que íbamos hacía escala en Panamá por un par de horas y teníamos ganas de comprar una nueva televisión, sabiendo que este país es conocido por los buenos precios libres de impuestos. En el vuelo de ida, aprovechamos en el aeropuerto para ver los televisores y recuerdo que nos parecieron muy costosos. Tanto que dijimos que era una tontería comprar allí y quedamos decepcionados con las expectativas que teníamos de encontrar una buena ganga. Después de la exitosa gira, regresamos haciendo escala en el mismo aeropuerto de Panamá, tan solo unos días después. De camino a nuestra puerta de embarque pasamos por las mismas tiendas y vimos los mismos televisores a los mismos precios. Sin embargo, algo había cambiado: teníamos en nuestro bolsillo el dinero de los honorarios que nos habían pagado por la conferencia. Vivimos un fenómeno increíble. Ahora me parecían económicas las televisiones que antes me habían parecido costosas. ¿Cambiaron los precios de las tiendas? No. Lo que cambió fue la proporción de lo que costaba el televisor Vs. lo que teníamos en los bolsillos. De ida tenía apenas unos dólares para emergencias y el televisor podía ser 4 veces más de lo que llevaba en los bolsillos. De regreso, teníamos en el bolsillo 5 veces el costo del televisor. Recuerdo que sentí un impulso irresistible por comprarlo y le decía a mi esposa Cata que estaba a un muy buen precio. Traté de justificar la compra haciendo referencia a cosas como las funciones que tenía, la calidad de la imagen y cuanta cosa se me ocurrió. Afortunadamente Cata tiene más inteligencia financiera que yo en ese tipo de cosas y evitó la compra, insistiendo en que nada había cambiado. El experimento, sin embargo, fue muy interesante, pues pudimos ver en muy corto tiempo cómo había cambiado la percepción del valor de las cosas. Esto es lo que pasa cuando ganas más y por eso es inevitable: tiendes a gastar más, haga sentido o no.

Este fenómeno suele repercutir en cambios del lugar donde vives, el coche que conduces, el tamaño de tu TV, la distancia y categoría de las vacaciones que tomas y la cantidad de cosas que hace y compra tu familia. ¿Hay algún problema con que le demos lo mejor a nuestra familia y a nosotros mismos? Por supuesto que no. El problema es que lo hagas antes de tiempo y sobre todo si aún no tienes un cashflow positivo. Nos entusiasma ayudarte a descubrir el poder del interés compuesto y la enorme riqueza que el cashflow traerá a tu vida. Te lo revelaremos pronto y todo lo que hemos dicho hasta ahora cobrará sentido. Por lo pronto, entiende que la prioridad es generar cashflow libre para poder ahorrar con destino inversión y comenzar a construir tu libertad personal (y de tu familia).

Es importante establecer un plan de acción financiero, con tu pareja e hijos, si los tienes, para que ellos entiendan lo que estás haciendo y por qué no debes aumentar tus gastos a la par de tus ingresos. ¿Quieres que ellos entiendan y te apoyen, esforzándose un poco todos como familia en el presente, para tener un futuro ilimitado y sobre todo un futuro de libertad?. Piensa que esas semillas que siembres en tu presente con tu cashflow, serán lo que en un futuro cosecharás como activos (negocios, propiedades, derechos), los cuales producirán dinero y así, la seguridad de tu familia no dependerá de que trabajes o no. Ese dinero proveniente de los activos, facilitará que tengan tiempo para disfrutar en familia, lo cual es mucho más importante y significativo que un gusto o placer a corto plazo e incluso que la compra de algún objeto que pronto perderá su valor.

- "Haremos esto para poder estar seguros y tranquilos en el futuro."

- "Quiero tu apoyo en este plan financiero para que podamos pasar más tiempo juntos y poder darles lo mejor."

- "Siguiendo este plan en familia, evitaremos que toda la vida tengamos que estar preocupados persiguiendo el dinero."

- "Quiero pasar más tiempo contigo"

- "Quiero que trabajemos enfocados en lograr lo que sí queremos y evitar que nos pase como a tanta gente que trabaja por muchos años o toda la vida y después no tienen nada."

● "Tengo un plan que nos da la seguridad que queremos en el futuro, para evitar ser dependientes de una pensión o de la seguridad estatal. Este plan requiere unos pequeños esfuerzos en el presente pero nos garantiza estar tranquilos."

Las anteriores son frases que te ayudarán a empezar estas conversaciones con tu familia. Nota que nunca mencionamos la palabra "sacrificios". Hablamos de "esfuerzos". Un sacrificio implica dar algo a cambio de nada. Un esfuerzo incita a dar algo a cambio de algo mayor. Nada de lo que proponemos tiene que ver con sacrificios. Tiene que ver con esfuerzos y es importante que tú y tu familia lo entiendan.

¿Y si a pesar de eso no lo entienden? Entonces tendrás que ser firme y tomar decisiones, pues es evidente que todavía ellos no comprenden lo que para ti es claro: En tus manos está tu futuro y el de tu familia.

Hablar de forma franca y abierta del dinero es importante. Quitarle el tabú social que conlleva es vital para poder afrontar y mejorar en los temas del dinero. Es lógico ¿no? ¿Si ni siquiera puedes hablar de ello, cómo podrías mejorarlo? Mucha gente tiene creencias limitantes en cuanto a expresar sus sentimientos frente al dinero. El dinero no es bueno ni malo. El dinero es energía. El dinero es una lupa que aumenta lo que hay en tu interior. Imagínate una persona que tiene vicios como el alcohol y los juegos de azar. ¿Tener más dinero hará su vida mejor? Claro que no, lo meterá en más problemas. De seguro, hasta terminará peor, apostando y generando deudas más grandes que las que antes tenía. Si una persona bondadosa y caritativa tiene mucho dinero, podrá ayudar a muchas personas. Si una persona malvada, por ejemplo, un terrorista, tiene mucho dinero, causará muchas muertes y mucho dolor. No es el dinero, es la mano que lo usa. Es la mente que mueve esa mano. Es lo que hay en el corazón. Por eso recomendamos a todos nuestros alumnos que trabajen en sí mismos, que crezcan como seres humanos, que desarrollen empatía y amor por los demás. Deseamos que tengas todo el dinero del mundo y también deseamos que seas la mejor persona que puedes ser. Si somos muchos con buenas intenciones y con mucho dinero, podremos hacer mucho por este planeta y por los demás.

Me emociona ver cómo varios multimillonarios están uniéndose para solucionar los problemas más grandes de la humanidad. Un ejemplo es la fundación de Bill & Melinda Gates, apoyada por el magnate Warren Buffet. Han destinado inmensos fondos para atacar la raíz de problemas como la salud en África, el agua limpia, la lucha contra el sida y otras enfermedades o la generación de energía limpia y renovable. También en la pandemia del **COVID19** han donado sumas de cientos de millones de dólares para el desarrollo de vacunas y tratamientos.

Vamos a compartir contigo lo que hemos hecho en nuestra propia vida para mejorar ese cashflow mensual y así disponer de semillas de prosperidad que con el tiempo han germinado y hoy nos dan una vida sin límites. En los próximos capítulos evidenciaremos el poder que ese cashflow positivo tiene en el diseño de tu futuro. Verás cómo no tiene que ser enorme. Con un poco cada mes, se puede crear riqueza. Por supuesto, en la medida que prosperes, podrás aumentar el caudal con un flujo cada vez más grande y esto acelerará tu paso y acortará los tiempos.

Por ahora, adentrémonos en el controversial tema del ahorro y respondamos la importante pregunta con la que se titula el próximo capítulo.

¿VALE LA PENA AHORRAR HOY EN DÍA?

Mi abuela me regaló mi primera alcancía (hucha) de monedas. Era de plástico rojo en forma de casita, la entregaban gratis en un conocido y popular banco con el fin de que los niños aprendieran a ahorrar. Con ella venían consejos de los mayores acerca de cómo podía comprar lo que yo quisiera, si ahorraba. Nos explicaban además cómo si dejábamos el dinero en el banco nos darían intereses que harían crecer nuestro dinero.

El concepto era que tú le prestabas tu dinero al banco y el banco trabajaba con tu dinero, es decir, lo prestaba a otros y les cobraba más de lo que te pagaban a ti. El hecho de que te pagaran algo hacía interesante ahorrar y con el tiempo y el pago de intereses sobre intereses, que se llama interés compuesto (del cual hablaremos en el próximo capítulo), podías conseguir un capital significativo.

Con el paso del tiempo los bancos fueron influyendo en los gobiernos para tener carta blanca e imprimir dinero, sin que fuera obligatorio tener el respaldo. Al inicio, por ley, el banco solo podía prestar 10 veces lo que tenía en ahorros de las personas. Hoy en día es prácticamente infinito. Por esta razón, ya no necesitan tus ahorros y han sustituido los intereses por cuotas administrativas y cargos por transferencia, retiros o similares. En resumen, han desincentivado el ahorro y la mayoría de las personas hoy no ven ningún sentido en ahorrar, pues perciben que no hay recompensa para el esfuerzo de limitar sus gastos. Recuerdo la cátedra de economía en que el profesor nos decía: a mayor interés, mayor ahorro, a menor interés, más gasto.

Pues el profesor tenía razón. Los niveles de ahorro son hoy los más bajos de la historia y las nuevas generaciones tienen la impactante cifra de ahorro cero. Hoy por hoy, los jóvenes no están ahorrando. Los estudios muestran además que los pocos que ahorran, no lo hacen con la meta de invertir esos ahorros o de crear seguridad, sino que lo hacen para pagar deudas e irse de vacaciones. Es lamentable. En Europa, las generaciones anteriores estaban acostumbradas a vivir con un porcentaje de lo que ganaban, muchas con la mitad. Con los larguísimos inviernos, las pestes, las guerras mundiales y las catástrofes, la sabiduría estaba en ahorrar para los meses de necesidades y para la vejez. Esto cobra mucho sentido ahora frente a la situación generada por la pandemia, ¿No? La historia tiende a repetirse y seguramente esta situación mundial creará una consciencia que rescatará esa sabiduría de los abuelos.

Hoy, los gobiernos con sus planes de pensiones y seguridad social, sobre todo en los "estados de bienestar", convencieron a la mayoría de que no es necesario ahorrar puesto que "papá Estado se hará cargo de ti, incluso cuando pierdas el trabajo"… ¡Craso error!, pues ese sistema está colapsado y nuestro planeta sobre poblado. No hay para todos, entonces los estados se endeudan sin parar y cada vez hay más personas en crisis, sin trabajo estable y sin una vejez asegurada. Si le quieres sumar a eso que la longevidad es más alta que nunca, se hace fácil entender por qué cada vez hay más reformas pensionales que en resumen quieren que trabajes más tiempo por menos dinero.

Ante una crisis tan grande como la del coronavirus, todo esto se agravó mucho más. Los gobiernos emitieron montones de decretos con cifras de miles de millones para rescates financieros y para socorrer a los necesitados, pero lo hacen con dinero que no tienen, es decir, generando más deuda que a la vez causa más inflación y que termina siendo pagada por los ciudadanos de los países, que cada vez son más pobres y su dinero alcanza para menos.

Apostarle a los sistemas tradicionales o Estados y no tomar la responsabilidad de asegurar tu futuro es un grave error. La situación global del momento es más fácil de entender de lo que creemos: los sistemas con los que operan los gobiernos están obsoletos y no fueron creados para la población de hoy ni para las condiciones actuales. Te lo pongo fácil, para el año 1.800 éramos mil millones de personas en el planeta.

Le tomó a la humanidad cientos de miles de años llegar a esa población. Para 1927 éramos el doble. La proyección del 2023 es de 8 Billones y del 2030 de 8.5, es decir, experimentaremos un crecimiento de 1 Billón de personas en 10 años, la misma cantidad que alcanzamos en casi toda la historia de la humanidad. La mayoría de los gobiernos aplican sistemas diseñados para cuando solo éramos un billón de personas en el planeta y además vivíamos la mitad de los años que vivimos hoy, en promedio. Has un ejercicio sencillo, multiplica por 8 el número de personas que viven en tu casa. Si estás tú solo, imagina que fueran 8 en el mismo espacio. Si son 4, imagínate que fueran 32. Tómate un minuto o 2 para pensar en ¿cómo serían las condiciones de vida?, ¿habría crisis? ¿de qué tipo?, ¿financiera?, ¿ambiental?, ¿de generación de residuos?, ¿colapsaría todo, no es cierto? Pues precisamente eso es lo que pasa en nuestro planeta y en los sistemas, ¿lo ves ahora? Los sistemas de sanidad, jubilación, educativo, empleo, judicial, de transporte, están desactualizados y los cambios que se hacen no van a la velocidad de cambio del mundo. La única solución para mantener estos sistemas obsoletos, es aumentar los niveles de deuda que ya están en niveles históricos. No hay partido político, líder mundial o sistema económico que pueda reversarlo, nos corresponde a cada uno volvernos responsables y hacernos cargo de nosotros mismos y de los nuestros. Esperar lo contrario es una locura.

La pandemia del 2020 llegó para demostrarnos lo frágiles que somos y lo débiles que son las estructuras gubernamentales en todos los países. Las repercusiones de esto serán inmensas y tardarán muchos años en diluirse. Tiempo que no será suficiente antes de que llegue la próxima gran situación global que afecte el planeta y que puede ser medioambiental, social, económica o sanitaria, con la aparición de otro virus.

¿Cómo lo ves? Panorama negro para lo tradicional ¿no? ¡Y eso que no hemos hablado de lo que viene! Te recomiendo que leas "Sálvese quien pueda", del periodista Andrés Oppenheimer, quien nos cuenta cómo con la entrada masiva de la inteligencia artificial y los robots, se espera que en el corto plazo desaparezcan alrededor de un 47% de los empleos existentes en Estados Unidos y 57% en Europa. La cifra para Latinoamérica es aún más alarmante con un 67%. Estos trabajos serán hechos por máquinas de una manera mucho más eficiente y barata. No estamos hablando solo de trabajos automáticos, sino de profesiones con los más altos grados de sofisticación, tales como planeación estratégica, psicología, derecho y medicina quirúrgica.

Lo más complicado es que no estamos preparados como especie para afrontar los cambios que vienen y la velocidad con que ocurrirán. La mayoría de las personas están sentadas en el sofá cómodamente viendo la tele o detrás de una pantalla de computador, quejándose ante los demás de que todo está cada vez peor y sin hacer nada para cambiar su situación. Con la vida moderna, la conservación de los alimentos y la percepción de que nada puede ir mal pues tengo servicios públicos, wifi y un supermercado en la esquina, se ha instalado una mentalidad de microondas en que queremos todo de inmediato y sin esfuerzo.

Esperamos que la situación actual de crisis generada por la pandemia del coronavirus y las innumerables incomodidades y restricciones a las que hemos sido sometidos, nos ayuden a cambiar de mentalidad y a despertar, entendiendo que debemos adaptarnos a los cambios, pues de lo contrario como lo decía Darwin, no sobreviviremos. Llevamos muchos años viendo a la humanidad adormilada y acomodada, sumida en una hipnosis colectiva muy similar a la de la película Matrix, donde las computadoras tenían a los seres humanos conectados a máquinas y las personas pasaban sus vidas conectados a una falsa realidad. Pensamos que algo tan impactante como lo que experimentamos con la pandemia, ayudará a muchas personas a despertar, a vivir con intensidad sus vidas y a responsabilizarse de sus finanzas y de su futuro. Por desgracia, sabemos que por estadística, dentro de un tiempo muchos lo olvidarán y volverán a quedar en modo zombie, solo que más pobres de lo que eran antes de la pandemia.

Hay un triste dicho popular y es que "el ser humano se acostumbra a todo" y como dice el gran Tony Robbins, en la vida no obtenemos lo que soñamos ni lo que queremos, sino lo que estamos dispuestos a tolerar. La mayoría se acostumbra a estándares de vida muy bajos y está dispuesta a tolerar la mediocridad. De hecho, se ha comprobado que, en la mayoría de los casos, no importa la situación que ocurra, no importa lo dolorosa o traumática que sea, no importa el éxtasis y la felicidad que produzca determinado evento, en cuestión de 90 días ya te habrás acostumbrado a esa nueva situación y te parecerá normal. Desde una situación extrema como la pérdida repentina de todo tu capital hasta el ganarte la lotería. En 3 meses, te habrás acostumbrado a esa nueva realidad.

En nuestras conferencias y siempre que compartimos con grupos, hemos asumido la tarea de compartirles esta realidad económica global y de pedirles que abran los ojos y entiendan el mundo de hoy. Les decimos que dejen de esperar lo imposible: que otro se haga cargo de ellos, promovemos que emprendan y que tomen las riendas de su futuro financiero sin perder más tiempo, pues cuanto antes comiencen, mucho más rápido prosperarán y dejarán de ser parte de la población vulnerable, que cada vez es mayor.

Entonces manos a la obra… respondamos la pregunta:

¿Vale la pena ahorrar?

Ante la coyuntura desatada en el 2020, estamos seguros de que para ti ya es obvio que sí hay que preparar nuestras finanzas para situaciones extremas. Sin embargo, aún en condiciones normales, nuestra respuesta es sí, mientras lo hagas respaldado con un plan financiero. Ese plan financiero debe tener varias etapas, comenzando por la seguridad y evolucionando hacia la riqueza. Lo primero que te enseñamos en los talleres es a que construyas un colchón financiero, con base en el ahorro, que te proteja en momentos de necesidad. Ese colchón o como algunos lo llaman, "airbag" o salvavidas financiero, será tu reserva para cubrir por lo menos seis meses a un año de tus gastos. Entre más grande el fondo, mejor, entre menos estable sea tu trabajo y más sobreoferta haya, más meses de provisión. Entre más tiempo tome volver a emplearse después de salir de un trabajo, más meses para el fondo. Este ahorro no es para hacerse rico, es para dormir tranquilo. Es para que tengas de qué agarrarte y tu familia esté segura, por lo menos por 6 meses a 1 año de gastos cubiertos, mientras solucionas el contratiempo. Este fondo es también el que te cubrirá en los momentos en que no puedas trabajar y no tengas ingresos por la razón que sea, como enfermedad, confinamiento por polución, pandemia, cierre de la compañía para la que trabajabas o fin de la industria en que te desenvolvías. ¿Dramático? Ya no nos parece dramático después de lo vivido en el 2020, ¿no es cierto?

Tras los acontecimientos vividos en los últimos tiempos, muchas personas están entendiendo lo importante que es contar con ese fondo de emergencias. Desafortunadamente ya es muy tarde para muchos de ellos, por lo menos lo es para afrontar la crisis que están atravesando. Las noticias muestran cómo la mayoría de los autónomos están apenas a 1 mes de la ruina. Tal vez aprendan la lección y se preparen mejor para la próxima. Con los miles de empleos perdidos y montones de independientes sin poder salir de sus casas por la pandemia, muchos hubieran deseado haber previsto y acumulado ese colchón financiero que les diera tranquilidad financiera a ellos y a sus familias en este momento. La pandemia llevó a muchos a reevaluar sus prioridades. Es importante entender que tiene más valor un fondo de emergencias que un automóvil de lujo pagado a cuotas. Es más importante la verdadera seguridad financiera que el estatus social y "el qué dirán" los vecinos.

Una vez tengas tu salvavidas financiero completo, puedes empezar a destinar tu ahorro a cosas más interesantes, como un fondo ETF (fondo de índice cotizado, un híbrido entre un fondo de inversión y una acción), no manejado de forma activa, sin altos cargos transaccionales y comisiones, donde todos los meses aportas una suma y aún ante las subidas y bajadas de la bolsa, en el tiempo crecen, pues le estás apostando a las empresas más grandes de las economías más fuertes; un ejemplo es el fondo indexado S&P500 que equivale a comprar un pedacito de las 500 empresas más grandes de los Estados Unidos. Además, si una de estas empresas en que invertiste ese pequeño pedazo deja de estar entre las 500 más grandes, se reemplaza de manera inmediata. También puedes empezar a crear un fondo de inversión inmobiliaria, que es lo que a nosotros más nos gusta como producto de inversión, y es lo que hemos aprendido a hacer de una manera profesional. Además, en la medida en que incrementes tu inteligencia financiera, verás cómo cada mes va quedando más dinero, permitiéndote invertir en diferentes activos y proyectos; algunos funcionarán y otros no, pero los que funcionen pueden generarte enormes retornos de la inversión. Sin embargo, nos estamos adelantando y este no es un libro de consejos de inversión, aunque compartiremos algunos. Toma lo anterior como un ejemplo de que sí vale la pena ahorrar cuando lo haces con un propósito. Ese propósito, además, no es pagar deudas ni irse de vacaciones, ni comprar un coche nuevo. El propósito tiene que ver con crear estabilidad y seguridad en tu vida primero, y después invertir y generar riqueza a velocidades cada vez mayores. No estamos hablando de un ahorro para dejar en el banco o para tener ahí toda la vida. Estamos hablando de un ahorro que se convierta en semillas que irás plantando en un terreno cada vez más fértil.

Los grandes maestros financieros como el mismo Kiyosaki, dicen que no vale la pena ahorrar (Saving is for loosers), lo cual puede malinterpretarse. Lo que realmente significa esta frase, y estamos de acuerdo, es que no vale la pena ahorrar para no hacer nada con ese dinero. Vale la pena ahorrar para invertir.

Los tips compartidos en este libro te permitirán generar un flujo que se convertirá en el agua que riega tus plantas de inversión. Piénsalo así… imagina que tienes un hermoso jardín con diferentes tipos de plantas y flores, y tienes una manguera para rociar las plantas. Si está desconectada de la fuente del agua, no hay mucho que puedas hacer para que crezcan tus plantas y estén saludables. Ese es el equivalente a que no ahorres y no tengas flujo, la manguera no tiene uso. Ahora imagina que conectas la manguera pero que no diriges el agua a las plantas sino a la alcantarilla. Pues ese es el equivalente a ahorrar sin un plan financiero. Por último, imagínate la manguera conectada y un buen flujo de agua rociando tus plantas. Crecerán grandes, fuertes y como tienes variedad, será un hermoso jardín. Eso es lo que estamos planteándote, que ahorres (conectes la manguera), y dirijas tu flujo de efectivo a varios tipos de inversiones (rociar diferentes plantas), algunas te darán seguridad, otras te generarán libertad pues producirán dinero mensual para vivir sin trabajar y otras, te harán rico.

INTERÉS COMPUESTO Y POR QUÉ SÍ SE PUEDE SOÑAR EN GRANDE

Ahora que respondimos a la pregunta de si vale la pena ahorrar, vamos a meternos en la parte más emocionante y es cómo eso que comenzó con un incipiente ahorro de unos pocos dólares al mes, puede convertirse en una fortuna si aumentas tu inteligencia financiera. Prepárate y amárrate el cinturón, pues la información de este capítulo puede ser lo más revelador y emocionante que has encontrado en toda tu vida en términos financieros. Por lo menos, así fue para nosotros.

Muchos autores que escriben sobre el dinero hacen referencia al Interés compuesto como el secreto mejor guardado de los millonarios. Es un tema apasionante, es como convertir tu dinero en un esclavo que sale con mucha energía a conseguirte más dinero. En este capítulo nos aseguraremos de que lo entiendas, lo valores y te conviertas en un cazador de interés compuesto de por vida. Hace muchos años descubrimos cómo al ahorrar un dólar al día a un buen interés por 65 años, podía producir un capital de más de un billón de dólares. Este descubrimiento ha tenido un enorme impacto en nuestras vidas.

Interés se refiere al costo del dinero. Es cuánto te cuesta que te presten una suma de dinero. Por ejemplo, un interés del 5% anual quiere decir que por cada 100 dólares que te prestan, tu asumes un costo de 5 dólares anuales. Es un costo que el deudor asume con el prestamista. La clave está en ser el prestamista y no el deudor. Cuando tu eres el prestamista, no te cuesta 5 dólares, sino que te ganas 5 dólares al año.

¿Qué es interés compuesto? Es cobrar interés sobre interés. Existe uno que te hace pobre que llamaremos el "interés compuesto tóxico". También existe uno que te hace inmensamente rico, lo llamaremos el "interés compuesto mágico".

Un ejemplo práctico. Tienes 1000 dólares y los pones en una inversión que te renta un interés fijo del 10%. En un año tendrás 1100 dólares con una ganancia de 100 adicional a tu capital inicial de 1000. Si los dejas ahí y el segundo año ganan al mismo interés, ahora te pagarán sobre los 1100 y ganarás 110. Para el segundo año, tendrás 1210 dólares de capital y tu ganancia ascenderá a 121 dólares en el tercer año. En 7 años habrás doblado tu dinero, en 20 lo habrás multiplicado por 7, en 31 años por 20 y en 40 años tendrás 53 veces tu capital inicial, así nunca más hagas un aporte. Ahora, si en vez de un 10% consigues un 20%, tendrás casi

400.000 en 30 años y un poco menos de 3 millones de dólares en 40 años. Acumularás todo este dinero destinando solo 1.000 dólares, solo una vez en tu vida. Imagina que a tus 25 años de edad, eliges asegurar tu vejez y destinas para ello 1.000 dólares. Lo que sucederá es que a la edad de tu retiro tendrás una fortuna gracias a ese retorno. Hay varias variables que afectan qué tan rico serás: 1) La cantidad que aportas, 2) la frecuencia con que lo haces, 3) el tiempo que dura tu inversión y 4) el interés que consigues. Más adelante hablaremos más en detalle de esto.

El Interés Compuesto tóxico se genera cuando tú eres el deudor; por ejemplo, es el interés que te cobran por las compras hechas con tarjetas de crédito. Un error común es hacer compras a cuotas con tu tarjeta de crédito. Si compras unos zapatos de 360 dólares y lo pones a 36 meses, piensas que solo pagarás 10 dólares al mes y ya está, ¡facilísimo! ni te darás cuenta y tienes tus zapatos. El problema está en que el banco te cobra intereses y los de las tarjetas de crédito suelen ser los más altos del mercado. Por supuesto que la suma que pagarás por tus zapatos será mayor; pagarás interés sobre intereses, es decir, los costos del crédito te generaran más costos. Por eso si eres un usuario frecuente de tarjetas de crédito puedes sentir como que pagas y pagas y la deuda no disminuye. Si le sumamos la cuota de manejo, los gastos de gestión asociados a las tarjetas, los seguros que muchas veces incluyen y los costos ocultos ¡puedes terminar pagando 800 dólares por un pago con tarjeta de crédito de 200 dólares! Tóxico sin duda, te empobrece y te convierte en un esclavo moderno de los bancos.

El interés compuesto mágico no solo te dará seguridad y prosperidad, sino que tiene el potencial de hacerte rico, o mejor aún… **MEGARICO**. Se trata de empezar a enviar tu dinero a traerte más dinero. Algunos asistentes de nuestras charlas o lectores de nuestros posts sobre interés compuesto se confunden y creen que deben ir a su banco a pedir productos financieros de interés compuesto. Los empleados del banco que no entienden nada de inversión, quedan confundidos, pues no saben de qué les están hablando.

¿Y cómo invierto con interés compuesto?

Sabemos que este es un tema que causa mucho interés, pero también mucha confusión. También, hemos visto que algunos se aprovechan del término "interés compuesto", vendiendo productos financieros como si fueran exclusivos para generarlo, cuando la realidad es que cualquier inversión puede generar interés compuesto, así que si sigues este código QR, encontrarás un video que lo explica en detalle.

La repetición es la madre de las habilidades, como te lo repetiré varias veces en el libro. Te lo digo nuevamente: cualquier inversión, sea finca raíz, papeles financieros, acciones o simples préstamos, pueden generar ganancias por interés compuesto. Cualquier inversión tiene interés compuesto si tienes paciencia. Funciona cuando tienes una ganancia por una inversión, tu capital aumenta y no usas esa inversión ni esa ganancia, sino que lo dejas ahí para que ahora sigas ganando no solo sobre tu inversión, sino también sobre las ganancias que esta ya produjo, tal como vimos en el ejemplo práctico hace un par de párrafos. Vamos a hacer unos ejemplos para que esto quede más claro, pues la mejor forma de ver el potencial, es ver los números.

$ 100	INTERÉS			
	5%	8%	12%	18%
AÑOS 5	$ 6.829	$ 7.397	$ 8.249	$ 9.766
10	$ 15.593	$ 18.417	$ 23.234	$ 33.626
20	$ 41.275	$ 59.295	$ 99.915	$ 234.349
30	$ 83.573	$ 150.030	$ 352.991	$ 1.432.529

Aquí mostramos el ejemplo de un ahorro de 100 dólares, o euros al mes, es igual. Si lo conviertes a un valor diario, estamos hablando de 3 dólares o euros al día. Hoy existen lugares para tomar cafés muy elegantes, en los que puedes solicitar algo como "un espresso doble latte machiatto especial". Esa cantidad de palabras para definir el café que quieres, van acompañadas de sobre cargos al precio y es normal que las personas paguen más de 3 dólares o euros por su café. Si vas a tomar café en pareja, ya son 6 o más dólares. Puede que 3 dólares te parezcan poco, pero ese café diario tiene asociado algo que se llama el "costo de oportunidad". El costo de oportunidad, nos enseñaron en economía, es lo que dejas de ganar por hacer una elección. Por ejemplo, digamos que debes elegir una de dos inversiones posibles, una es de finca raíz o propiedad inmobiliaria y la otra es un fondo mutuo. En la primera obtienes una renta del 6% anual, más una valorización de la propiedad y beneficios tributarios. En la segunda obtienes un 8% fijo. Puede ser que a simple vista sea mejor irse por el 8% del fondo mutuo, pero al hacer esa elección estás perdiendo la oportunidad de ganar los beneficios adicionales de invertir en inmuebles y eso tiene un costo. Encontrarás que en condiciones normales, por la valorización que tienen las propiedades, es mejor invertir en inmuebles al 6% que en papeles financieros al 8%. Para ponerlo en palabras simples y que conectan con nosotros, el "costo de oportunidad" es equivalente al "si yo hubiera".

Alguna vez un mentor nos dijo que infierno era llegar al final de tus días y encontrarte con la persona que pudiste haber sido. Eso sin duda cambió nuestra vida. ¿Por qué? Porque el costo de oportunidad de no tomar decisiones ni la acción necesaria para cambiar nuestra vida, era muy alto. Significaba perdernos de esa versión mejorada de nosotros mismos. La mayoría de las personas no entienden que no tomar una decisión es también tomar una decisión, pues cuando no eliges, estás eligiendo perderte de todo eso que tu vida tenía preparado para ti (costo de oportunidad).

Tomar o no un café puede parecer una decisión insignificante, pero si miras esta tabla podrás entender el costo de oportunidad asociado a esa decisión. Verás cómo al cabo de 5, 10, 20 o 30 años, según el interés que hayas conseguido, obtienes cifras que van incrementando. Por ejemplo, si tienes 25 años y ese gasto del café diario lo destinas a tu futuro económico y a tu fondo de libertad, con un interés de 18% anual, al cabo de 30 años, a tus 55, habrás acumulado un capital de casi un millón y medio de dólares o euros. Créeme que la inmensa mayoría de personas en tu país y del planeta, a la edad de 55 años o más, no tiene una cifra de ese valor en sus activos y nunca la tendrá. Todo con el dinero que cuesta un café al día, unos cigarrillos, una bebida azucarada o una cerveza. No te atrevas a llamarlo sacrificio… es un esfuerzo y ¡el premio que obtienes es un millón y medio más grande!

Todas las personas que vivimos en condiciones normales podemos ahorrar. Algunos pueden ahorrar más que otros y el punto de partida puede ser diferente. El problema no está en la capacidad de ahorrar sino en la motivación y los valores que mueven a una persona a hacerlo. Muchos ven el acto de privarse de algún placer tonto y pasajero como una restricción y una pérdida de libertad en su vida. No están mirando esta tabla y no están teniendo perspectiva ni entendiendo que precisamente se hace por conseguir la verdadera libertad. ¡Hazlo porque esa fortuna, fruto de ese mínimo esfuerzo diario, te permitirá ser libre! Imagina una vida sin limitaciones de tiempo ni de dinero… trabajar o no, a tu elección, dedicar tiempo a hacer lo que amas y a estar con las personas con quienes quieres compartir tu vida, apoyar las causas que mueven tu corazón y en general, vivir tu vida con pasión y energía.

Ahora, vayamos un poco más allá. Digamos que eliges hacer un plan basado en lo que aprenderás en este libro y que puedes, desde este mes, empezar a ahorrar no 100, sino 200 dólares o euros al mes. Hasta en el interés más sencillo podrías comprarte una o varias propiedades con ese capital (depende de dónde vivas) y ponerlas a rentar. Ni hablar de los resultados que obtendrás si te vuelves un inversionista profesional y aprendes a conseguir altas tasas de rentabilidad en tus inversiones. En este caso el 18% te produciría unos deliciosos casi ¡3 millones de dólares o euros!

		INTERÉS		
$ 200	**5%**	**8%**	**12%**	**18%**
5	$ 13.658	$ 14.793	$ 16.497	$ 19.532
10	$ 31.186	$ 36.833	$ 46.468	$ 67.252
20	$ 82.549	$ 118.589	$ 199.830	$ 468.697
30	$ 167.145	$ 300.059	$ 705.983	$ 2.865.058

(Columna izquierda: **AÑOS**)

¿Qué pasa si sigues aplicando los tips que aprenderás en este libro? Pues aumentará tu cashflow. Ahora empiezas a entender por qué decíamos ¡cashflow, cashflow, cashflow! Porque a más cashflow, te harás rico a mayor velocidad y en mayor cantidad. Mira en nuestra siguiente tabla cómo se modifica todo con 500 dólares de ahorro mensuales, destinado a la inversión. ¿Y cómo consigues eso? Pues aplicando las claves que conocerás en los próximos capítulos y aplicándote como buen estudiante de la inteligencia financiera.

Un emprendimiento sencillo puede ser la fuente de dinero que te permita comenzar a ahorrar esta cifra al mes, generando un pequeño flujo extra de ingresos, sin afectar tus finanzas actuales. ¡Quiero que mires esas cifras de la tabla y las veas como si ya fueran tuyas! ¿Qué harías con 750.000 dólares/euros? ¿Qué harías con 7 millones de dólares/euros? ¿Cómo sería tu vida? ¿Sabes que, además, como serás un maestro de inversiones, es posible que le saques una tremenda rentabilidad a ese dinero, dejándote unos 60 mil dólares mensuales de renta? ¡Imagínate! La mayoría de las personas lograrían la vida de sus sueños con la cuarta parte de eso. Entonces ¿por qué limitarse si el interés compuesto te permite soñar en grande?

$ 500	INTERÉS			
	5%	8%	12%	18%
5	$ 34.145	$ 36.983	$ 41.243	$ 48.829
10	$ 77.965	$ 92.083	$ 116.170	$ 168.129
20	$ 206.373	$ 296.474	$ 499.574	$ 1.171.744
30	$ 417.863	$ 750.148	$ 1.764.957	$ 7.162.645

(AÑOS)

Ahora vayamos a una cifra más interesante: 1000 dólares/euros al mes, de ahorro con destino inversión. Lo que quiero que entiendas es que esta cifra está a tu alcance con la serie de tips que recibirás para aumentar tu flujo. Requerirán de una mezcla de acciones que incluirá reducir tus gastos innecesarios, pero sobre todo aumentar tus ingresos con emprendimiento. El punto está en crear una máquina de hacer dinero que eventualmente te permita, no solo dejar de trabajar si así lo deseas y cubrir todos tus gastos, sino que además te produzca excedentes que puedas aprovechar para generar un interés compuesto potente y acelerado.

Mira en la siguiente tabla cómo se acortan los tiempos y cómo se aumentan las cifras con 1000 dólares/euros al mes. Es nuestra última tabla, porque ya tu podrás hacer las tuyas y si vas a **www.coachfinanciero.net** o sigues el código QR al final de este capítulo y das click a la calculadora de interés compuesto, podrás proyectar con las cifras que quieras, al tiempo que quieras y con el interés que decidas. Oye… ¡Se vale soñar! Pon cifras altas y proyecta lo que puede pasar cuando tengas un gran cashflow. ¡Se vale soñar, hazlo en grande! Te adelanto algo… si proyectas la tabla con cifras de 5000 o 10.000, ¡podrías llegar a más de 150 millones de capital! ¡No hay límite para lo que puedes conseguir en el tiempo si te conviertes en un inversionista profesional y en un generador de cashflow!

$ 1.000		INTERÉS		
	5%	8%	12%	18%
5	$ 68.289	$ 73.967	$ 82.486	$ 97.658
10	$ 155.929	$ 184.166	$ 232.339	$ 336.258
20	$ 412.746	$ 592.947	$ 999.148	$ 2.343.487
30	$ 835.726	$ 1.500.295	$ 3.529.914	$ 14.325.289

Hace años, una vez entendimos el valor de esta información, comenzamos a valorar mucho ese dinero que lográbamos mantener a fin de mes. Al principio lo hacíamos con poco, pero en la medida en que aumentaban nuestros ingresos, elegíamos mantener estables nuestros gastos en esa proporción. También elevábamos nuestra calidad de vida en cierta medida, pero sobre todo aumentábamos nuestro flujo destinado a inversión. Con la disciplina, la paciencia y la confianza en el proceso, las cifras de esas tablas se han venido convirtiendo en realidad para nosotros. No ha sido de la noche a la mañana, repito: con paciencia y estrategia. Hacerse rico es una cuestión de estrategia. No es un golpe de suerte, es un plan. ¿Te parece aburrido? ¿Quieres algo más vertiginoso? Pues tal vez la riqueza entonces no sea para ti y es mejor que te dediques a comprar la lotería o a buscar oro y diamantes en los ríos de África, porque los ricos, en la enorme mayoría de los casos, construyen su riqueza de esta manera.

Todo premio en la vida tiene un precio qué pagar. La relación entre estas dos palabras es impresionante, no solo es el cambio de la "m" en preMio por la "c" en preCio. El precio de la riqueza real y duradera se paga con consistencia, con disciplina. Las telenovelas y las nefastas series de los narcotraficantes han hecho pensar a la mayoría que la riqueza se alcanza de manera veloz, con un cargamento exitoso. Esta mentalidad es una de las consecuencias más atroces que ha producido el flagelo del narcotráfico, pues ha puesto a la gente a pensar en que lo que hay que hacer es buscar "atajos". Lamentablemente hemos visto que quienes toman esos "atajos" terminan pagando un precio mucho mayor, muchas veces acaban con su vida, terminan en la cárcel o con la destrucción total de sus familias. No vale la pena, pues en todo caso, así te salves de todo eso, terminarás viviendo contigo mismo, y no creo que seas una buena compañía si esa es la forma en que consigues tu dinero.

¿Quieres hacer tus propios cálculos?

Nos imaginamos que estás emocionado con el potencial del interés compuesto; en el siguiente código QR podrás hacer tus propias simulaciones, basadas en las cifras que puedes ahorrar hoy en día y las que podrás ganar en el futuro, después de hacer las tareas que te plantea este libro.

¿ES POSIBLE AHORRAR?
Hackea tu Biología

Después de comprobar que sí vale la pena ahorrar cuando se hace con un propósito de inversión y entendiendo que de ahí nace la semilla de la riqueza, tenemos una segunda pregunta qué responder con respecto a si es posible hacerlo.

En nuestros talleres y conferencias, todo el tiempo vemos personas con toda la intención de empezar a ahorrar. Como sucede con todo en la vida real, la intención no es suficiente, ocurre igual que si alguien, con la intención de aprender un idioma, se inscribe al curso y después no va a las clases.

Estas personas intencionadas en ahorrar después de haber terminado el curso, salen desde el primer mes, solo con su intención, ganan, gastan y después quieren ahorrar.

Se dan cuenta de que algo sucedió y no les quedó dinero a fin de mes, entonces se prometen que el siguiente mes sí lo harán. Con un poco más de consciencia, de nuevo van con su intención, ganan, después gastan (un poco menos por su intención de ahorrar), pero algo inesperado sucede, como que se daña la lavadora, el automóvil entra al taller o cualquier cosa de estas que, deberían estar presupuestadas en todo caso, pues son mantenimientos y gastos que pueden a ocurrir, pero al vivir sus vidas financieras como una serie de eventos no planeados, se quedan sin dinero y finalmente, de nuevo, no ahorran. El tercer mes ocurre lo mismo y entonces se etiquetan y se dicen a sí mismos "Yo no puedo ahorrar", echando todos sus planes de ahorro y libertad a la basura. Cuando te crees esa frase y te identificas como alguien que "no puede", estás condenándote a ti mismo, y las consecuencias son nefastas. Esta es la consecuencia de desconocer las claves que hay detrás de un buen ahorrador.

En este capítulo abordaremos dos de los más importantes conceptos que hemos aprendido a través de los años y que nos han permitido ahorrar para invertir miles y decenas y cientos de miles de dólares a través de los años. Dominar estos dos conceptos ha sido fundamental. Son los más básicos de todos los pasos básicos. Los encontrarás en todo libro respetable sobre manejo del dinero e inteligencia financiera. Ahora te contaremos nuestra interpretación y aplicación de estos principios y como tú puedes empezar a hacerlo desde este mismo mes. Sumaremos además a la ecuación algo que consideramos que es vital y es nuestra propia biología.

Principio No. 1:

Hackea tu cerebro. Pon tu futuro en primer lugar y págate a ti primero.

Este principio es muy fácil de explicar, pero aplicarlo requiere de visión y disciplina. Lo que supone es sencillamente cambiar el orden de las cosas y a diferencia de la ley conmutativa, aprendida en la escuela, acá el orden de los factores sí altera el producto. Lo que haremos es sustituir:

Gano > Gasto > Ahorro

X

Gano > Ahorro > Gasto

Es impresionante el impacto que puede tener aplicar esta fórmula sencilla en tu vida financiera. Ya no tendrás el problema de que después de gastar no te quede dinero y no puedas ahorrar. Ahora ahorrarás tan pronto recibas tus ingresos y asegurarás así que cumples tu meta, enviando ese porcentaje que destines al ahorro a una cuenta tipo fiducia de baja liquidez, dándoselo a alguien de confianza con quien hayas hecho un pacto de que te lo guardará o teniendo un plan de inversión automático que te debite una vez depositen tus ingresos cada mes.

Los expertos coinciden en recomendar un ahorro mínimo del 10% de tus ingresos. Este porcentaje puede variar de acuerdo con tu edad y con las metas financieras que tengas. Sin embargo, no te agobies todavía con eso, lo importante es comenzar. Vamos a ponerlo en números con un ejemplo en que te ganas 2.000 dólares/euros al mes y tienes la meta de ahorrar ese 10%.

$$\text{GANANCIA} = 2.000$$
$$\text{AHORRO (10\%)} = -200$$
$$\text{GASTO} = 1800$$

Puedo escuchar a tu mente reptil (la encargada del miedo y la supervivencia) saltando y diciendo ¡No puedo hacer eso!, ¿Qué tal que no me alcance? Pues si lo que quieres es libertad e inteligencia financiera, acá te va un secreto: es mejor que incomodes a tu mente subconsciente y que no te alcance. Nuestro cerebro se divide en tres; es casi como si tuviéramos tres cerebros en uno. El primero es el cerebro reptil, que es el más primitivo y tenemos mucho que agradecerle pues nos ha traído hasta hoy como especie. Si no fuera por este cerebro, no hubiéramos sobrevivido a la era del hielo y a los tigres diente de sable, así como a muchos otros depredadores que hubieran acabado con nosotros. Este cerebro es el que nos causa estrés y miedo cada vez que se siente amenazado. Es muy sensible a los temas de dinero, pues lo considera vital para sobrevivir. A este cerebro lo rodea el cerebro mamífero o emocional, segundo cerebro y por último tenemos el córtex o cerebro humano, lógico, nuestro tercer cerebro. Cuando el cerebro reptil se siente amenazado, tiene la capacidad de hackear a los otros 2 y busca tomar el control. A este cerebro no le importan cosas como el amor, la felicidad, la calidad de vida y la libertad financiera. Él se ocupa de que tu llegues vivo al día de mañana, así como lo hace desde cientos de miles de años atrás.

Cuando incomodamos al cerebro, este se dedica a buscar lo que necesitamos: soluciones. Si por ejemplo, antes de aplicar el *principio No. 1* de ahorrar antes de gastar, gastabas 2.000 al mes, ahora tendrás un faltante de esos 200 que estás ahorrando y tu cerebro tendrá un problema bueno qué solucionar. Digo bueno porque la razón por la que estás haciendo todo esto es por ser libre y próspero, ¡no lo olvides! Recuerda, es esfuerzo y no sacrificio. Así como hay deudas malas y deudas buenas, de lo cual hablaremos en el capítulo de las deudas, hay problemas malos y problemas buenos. Los problemas malos son los que atienden lo urgente y los buenos tienen como objetivo lograr algo importante. Pasar todo el día pensando en cómo pagar el alquiler y las cuentas es un problema malo, porque en últimas, cuando lo solucionas no estás construyendo nada para ti y sí estás empleando en ello toda tu energía y tu tiempo, que son valiosos recursos. Las soluciones a los problemas malos suelen ser pobres, como pedir prestado a alguien o ganar algo de dinero con una actividad en que no construyes ningún activo. Eso no quiere decir que no hay que atenderlo, claro que sí, pero si te quedas ahí solo tendrás de esos problemas toda la vida y vivirás en un ciclo repetitivo, cada mes buscando soluciones. Por el contrario, cuando solucionas problemas buenos, estos se encargarán de resolver los malos de por vida. Si solucionas el problema de generar esos 200 extra que te faltan, con un activo (negocio o inversión), nunca más te preocuparás por ellos.

La razón por la que no puedes ahorrar si usas la fórmula Gano>Gasto>Ahorro, es que tu cerebro está cómodo. Tu cerebro reptil no ve la necesidad de ahorrar porque tienes cubierto lo de hoy. Te imagino viendo la tele tranquilo y con tu cerebro anestesiado, sin buscar ninguna solución al hecho de que no vas a poder ahorrar este mes. Al tercer mes tiras la toalla porque para tu cerebro nunca tuviste la real necesidad de hacerlo y por eso nunca encontraste la energía.

Cuando incomodas a tu cerebro, teniendo una meta inquebrantable de ahorro, lo hackeas y ahora tendrás las ideas y la energía para solucionarlo. Por ejemplo, emprenderás algo nuevo, le pondrás más energía a tu emprendimiento actual, aprenderás sobre una inversión, ampliarás tu conocimiento y tu inteligencia financiera. ¿Por qué? Porque ahora es una necesidad. Acá va algo que, tal vez, te sonará extraño: No te dé miedo sentir miedo. Es justo lo que necesitas para ponerte en acción.

Si aún estás pensando en que no lo puedes hacer, hazte esta sencilla pregunta. ¿Qué ocurriría si el gobierno de tu país crea un nuevo impuesto o ley, a partir del cual te van a retener el 10% adicional de tus ingresos porque hay un déficit que cubrir? Es decir, si antes de recibir tu sueldo, las empresas estuvieran obligadas a retenerte un 10% adicional y tu recibieras menos en tu pago mensual o quincenal. ¿Qué harías? ¿Tendrías que adecuarte, no? Y ¿por qué si lo harías por tu gobierno, que quién sabe a qué destinará esos fondos y que, en últimas es muy probable que en nada cambie tu vida, no lo haces por ti, por tu futuro y el de tu familia? Tu eres el presidente de tu vida, el rey de tu experiencia en esta tierra. Crea un decreto mental, una ley nueva en tu vida en que todos los meses hay una retención con un destino maravilloso: tu libertad y la de tu familia. Eso si… hazlo con buena energía. No debes hacerlo como una carga, tiene que ser algo positivo y emocionalmente significativo. Piensa en que estás haciendo todo esto para tener una calidad de vida espectacular. Imagínate cuando ya estés en ese futuro deseado. Visualízate a ti y a tu familia viviendo esa increíble vida que te está esperando. Esta pequeña reingeniería financiera que estás haciendo no puede compararse con el premio que vas a recibir, la satisfacción que tendrás y lo orgulloso que te sentirás de ti mismo. Además, después de leer el capítulo del interés compuesto ya sabes que así será, así que emociónate y siente pasión por tu plan de acción y por tu futuro.

Principio No. 2:

La gratificación diferida y nuestras hormonas.

Este principio fue uno de los más importantes que aprendimos en nuestro camino de construcción de riqueza. Quiere decir que el premio te lo das cuando te lo ganas, cuando cumples la meta, no cuando estás cansado o frustrado y necesitas darte un contentillo para llenar un vacío.

> **Los ricos compran los lujos al final, Los pobres y la clase media lo hacen al inicio.**
>
> -R. KIYOSAKI

El marketing se aprovecha de nuestras frustraciones y nos convence de que podemos llenar nuestros vacíos internos con cosas externas. Si tan solo compraras tal reloj, te sentirías elegante; si tuvieras tal automóvil, serías libre; si te vas de vacaciones a tal lugar, serás feliz; con tal marca de ropa, serías poderoso y atractivo. Ocurre igual cuando peleas con tu pareja y quieres llenar el vacío con un balde de helado, litros de cerveza o un par de zapatos nuevos. ¡El vacío no se llenará y después tendrás también un vacío adicional en tus finanzas o un dolor de estómago!

El proceso mediante el cual los seres humanos deseamos cosas y desarrollamos energía para conseguirlas es una de las cosas más importantes y especiales que nos hacen únicos en este planeta. Casi todos los libros sobre el éxito escritos en los Estados Unidos hacen referencia a que lo primero para lograr el éxito es tener un sueño. El famoso "sueño americano", que a algunos les suena tan cursi es de hecho la base biológica para lograr la energía necesaria para conseguir progresar en la vida. Déjame explicártelo a un nivel hormonal muy básico. Los seres humanos somos impulsados por diferentes hormonas que existen para ayudarnos en diferentes instancias de la vida. Vamos a hablar de dos de ellas. Estas maravillosas hormonas con las que fuimos dotados existen en cada uno de nosotros, entre muchas otras y por lo tanto, todos somos iguales en cuanto a tener adentro la química que se requiere para triunfar.

Una de ellas es la dopamina, la hormona del logro, de la recompensa y una de las hormonas de la felicidad. Es la hormona de la satisfacción por el deber cumplido. Cuando hace miles de años, los hombres cazábamos en manada, llegábamos con el alimento al pueblo, tal vez arrastrando un mamut y éramos recibidos como héroes por todos. Desde entonces, cuando logramos algo, lo que sucede a nivel químico es que nuestro cerebro se inunda de dopamina y la liberación de este potente neurotransmisor nos produce un placer inmenso. Las sensaciones son tan fuertes que estamos dispuestos a arriesgar la vida por volver a sentir el subidón que nos produce y en gran parte, gracias a ella, el ser humano salía de nuevo a cazar y así se aseguró la supervivencia de nuestra especie.

Cuando una persona desea algo, sea lo que sea, un nuevo teléfono móvil, un automóvil, una vivienda o un reconocimiento, a nivel biológico, internamente, se crea un proceso que culmina cuando la persona consigue lo que se propuso y en ese momento se libera Dopamina, la hormona de la recompensa. Todas las ganas, la energía, la fuerza y la motivación para obtenerla, se desencadenan del deseo de sentir ese placer que nos produce la liberación de Dopamina en el cuerpo.

Podemos decir entonces, que es natural para nosotros el hecho de desear mejoras en nuestras vidas y sentirnos con una alta motivación para conseguirlas. Nuestra propia biología apoya esta afirmación y eso quiere decir que cuando tu usas la gratificación diferida, estás usando toda la potencia de tu propia naturaleza.

Sin embargo, con los créditos bancarios y la mentalidad de microondas, con la que queremos todo ya, los mismos seres humanos estamos saboteando toda nuestra naturaleza y poder biológico. Hagamos un ejemplo sencillo: Imagina que quieres un nuevo móvil, el último teléfono de tu marca favorita. Está en unos 1.300 dólares y decides ponerte una meta para lograrlo. "Cuando logre tal resultado en mi emprendimiento o consiga tal cosa, de premio me daré ese teléfono." Esto funciona con cualquier premio y en cualquier escala. Por ejemplo, podrías decir "cuando tenga 3 propiedades generándome una renta de 2.000 al mes, me compraré ese nuevo automóvil que me encanta". Hasta ahí todo bien. Además, para alimentar tu sueño y convertirlo en lo que llaman los libros sobre el éxito *"un deseo ardiente"*, vas a mirar el teléfono móvil o haces un test drive del automóvil que quieres. Lo ves, lo hueles, lo sientes. Escuchas el motor para aumentar el deseo y la energía que te produce ese sueño. Hasta ahí todo fantástico, cada vez estás más comprometido con la meta que te pusiste para poder disfrutar de tu premio. El problema está cuando llega el vendedor y te dice: "si le gusta, solo por hoy tenemos una promoción increíble, se lo puede llevar por un tanto % menos. Además, se lo financiamos, y las cuotas mensuales le quedarían en tan solo …" Llena tú los espacios. ¿30 dólares al mes por el teléfono? ¿400 mensuales por el automóvil? Si caes en la trampa, harás algo fatídico… sabotearás tus hormonas y dañarás el proceso por el cual ibas a tener toda la energía y motivación de lograr lo que te habías propuesto. Ya no habrá dopamina, pues esta se produce como resultado de hacer un esfuerzo y lograr algo.

La Dopamina no se libera por tener objetos. Se libera cuando esos objetos son la recompensa a un trabajo bien hecho que requirió de un esfuerzo. Sin el esfuerzo, no hay dopamina. Por eso la gente compra cosas a crédito y no siente ninguna satisfacción duradera por ellas. El proceso natural de poner objetivos para mejorar nuestra vida y sentir la energía de lograrlos es violado por ti mismo cada vez que aceptas darte un premio sin habértelo ganado. Después tenemos entonces un montón de gente por ahí diciendo que no saben por qué no se sienten motivados. Dicen cosas como "es que creo que no sé cuál es mi sueño" y la única verdad es que ellos mismos sabotearon su biología, robándose su propia fuente de energía y cayendo entonces en la apatía.

Muchos jóvenes hoy sufren de esto, debido a que sus padres no les han enseñado a ponerse metas y a trabajar por ellas, sino que los han inundado de cosas materiales a cambio de ningún esfuerzo. La realidad es que muchos padres de hoy tienen un sentimiento de culpa inmenso, muchas veces por no disponer del tiempo para pasar con su familia y con sus hijos, y tratan de suplir ese vacío de tiempo y aplacar esa culpabilidad, dándoles regalos y proporcionándoles experiencias que finalmente mantienen la distancia entre padres e hijos, al no realizarlas juntos. Lo que los cerebros de los jóvenes están registrando es que no hay que esforzarse por lograr nada y que todo les llega de manera gratuita o peor, mediante chantaje emocional. Los jóvenes entonces, de manera inconsciente, buscan esa dopamina en otras fuentes, por ejemplo, en drogas como la cocaína que impulsan la acumulación de dopamina.

Alguna vez escuché que en un simposio sobre drogadicción, un gran empresario dijo, en un corto discurso, ante algunos de los políticos más influyentes de los Estados Unidos, que el problema de las drogas yacía en el hecho de que los padres de esos niños drogadictos no tenían sueños y por ende no les habían enseñado a sus hijos a tener sueños. Si tomamos en contexto la necesidad de generar dopamina, estas palabras cobran mucha veracidad.

Hay una segunda invitada en este proceso tan común de comprarnos todo de inmediato y a crédito; se trata de la segunda hormona de la que hablaremos: el cortisol, la hormona del estrés, la cual se dispara en nuestro organismo con las deudas malas, al generarnos preocupación y sensación de riesgo. Tener altos niveles de cortisol tiene efectos en la metabolización de las grasas, los carbohidratos y las proteínas y puede ocasionar la subida del azúcar en la sangre, dando como resultado un mayor riesgo de Diabetes Tipo 2. El Cortisol también altera las funciones sobre los niveles de inflamación del cuerpo, la presión sanguínea, el ciclo de sueño, la memoria y la concentración. Mantener en el cuerpo, por largos periodos de tiempo, altos niveles de cortisol dado el estrés crónico, equivale para nuestro cerebro a experimentar que estamos en permanente riesgo de supervivencia y esto hace que todo nuestro organismo se desgaste, hace que se debilite el sistema inmunológico y abre la puerta a enfermedades graves. Como si fuera poco, nos hace intolerables para la gente que nos rodea, afectando también nuestras relaciones y calidad de vida.

La gratificación diferida es entonces una práctica sana, natural y recomendable para el ser humano. Si le sumamos la información sobre interés compuesto, hace además mucho más sentido que como lo menciona la frase de R. Kiyosaki con la que abrimos este principio tenga mucho sentido, pues si compramos los lujos al inicio, estaremos desperdiciando valiosas semillas que podrán traernos millones en el futuro. Visto así, podemos entender que es mucho más caro comprar ahora que más adelante y que es inteligente adquirir nuestros lujos con los flujos que producen nuestros activos y rendimientos de las inversiones que hagamos, en vez de pagarlos con el sudor de nuestra frente. Hacer lo contrario sería como si quisieras comerte las semillas antes de sembrarlas, en vez de esperar a la cosecha en que tendrás montones de semillas para hacer lo que quieras con ellas.

¿Es fácil poner en práctica estos dos principios? No. Pero vale la pena. Todo lo que vale la pena hacer, vale la pena hacerlo mal hasta que lo hagas bien. Si te ofrecieran 100.000 dólares extra al año por atender a los clientes alemanes de la empresa para la que trabajas y eso significara que tienes que aprender alemán, ¿cómo lo hablarías al principio? Serías un desastre, te sentirías avergonzado, te parecería dificilísimo y todo lo que conlleva aprender algo nuevo. Sin embargo, si persistes, terminarás hablándolo bastante bien y además de los 100.000 extra al año, te sentirás orgulloso de haberlo conseguido. Lo mismo pasa con el ahorro y con estos 2 principios. Requerirán un esfuerzo, pero vale la pena.

> **Todo lo que vale la pena hacer, vale la pena hacerlo mal, hasta que lo hagas bien.**

Si te parece mucho comenzar con un 10%, comienza con menos, pero comienza. Tú decides con cuánto, pero hazlo desde hoy. El momento en que empiezas a ahorrar, el porcentaje que sea, obtienes esta nueva creencia: "Yo soy abundante, gano más de lo que gasto y puedo ahorrar, así que tengo semillas para invertir y hacerme rico", opuesta al "yo no puedo" que termina con tus aspiraciones por siempre.

Eso sí, si vas a ahorrar menos del 10%, comprométete a que cuando incrementes tus ingresos vas a completar ese 10%. Hagamos un ejemplo. Digamos que te ganas hoy 2.000 dólares y decides que quieres comenzar con un 5% porque no te cabe en la cabeza que puedas empezar con más de eso. Eso quiere decir que ahorrarás 100 dólares. El día de mañana elevas tus ingresos con los consejos de este libro o porque te aumentaron el salario y ahora ganas 2.200. En ese momento, según el compromiso que hicimos, ahorrarás el 10%, es decir 220 al mes. Puesto que antes ya ahorrabas 100, el nuevo monto implica un ahorro de 120 adicionales, pero tus ingresos subieron en 200. Aún haciéndolo así te queda suficiente para gastarte un poco más al mes en lo que quieras, pero cumples a cabalidad con tu meta del 10%.

Si aprendes a hacer esto con cada aumento de tus ingresos, verás cómo en cuestión de muy poco tiempo, logras ahorrar el 20%, 40% o 50% de tus ingresos, acelerando la velocidad con la que logras tu libertad financiera. El comprometerse a ahorrar con los ingresos futuros es algo que cualquiera cree que puede hacer y si lo decides desde ahora, después no tendrás problemas para ejecutarlo.

Lo más importante es que comiences con el hábito desde hoy, todo lo demás puedes ir ajustándolo en el camino, el monto que ahorras, el interés de ganancia que obtienes por el tipo de inversión que haces y la frecuencia con la que aportas a tus fondos de inversión, pueden mejorar con el tiempo, pero comienza hoy y se te abrirá un nuevo mundo al cual créeme, quieres pertenecer y lo puedes hacer.

@COACH_FINANCIERO, ¿QUÉ HAGO? ¿PAGO DEUDAS O COMIENZO A AHORRAR?

Podríamos decir que este es una de las preguntas que más frecuentemente recibimos. Cuando elevamos la inteligencia financiera al punto en el que ya creemos que somos capaces de producir ese glorioso cashflow mensual, empezamos a sentirnos empoderados. Revisamos entonces nuestras posibilidades y la pregunta lógica es ¿y ahora qué hago? ¿Pago las deudas o comienzo a ahorrar?

Es una pregunta difícil de responder porque no existe una única respuesta. Depende de la situación personal financiera de cada uno, de su nivel de disciplina y de su inteligencia financiera. Tiene que ver también con el nivel de inteligencia emocional que tiene una persona. Tiene que ver con la experiencia que tiene como inversionista y la capacidad de lograr buenos retornos de capital a un bajo riesgo.

La respuesta profesional y lógica es muy sencilla, has una comparación entre el interés que estás pagando por esas deudas Vs el interés que puedes conseguir en una inversión y pon tu dinero ahí donde haya mayor interés. Si por ejemplo, tienes un crédito en el que pagas un 10% de interés anual y solo consigues inversiones en que te dan un 5% pues paga la deuda primero, sin dudar. Por otro lado si puedes obtener rentabilidades del 18% y tu deuda es una hipoteca a 30 años que te cobra un 4% o la deuda de un automóvil que te cobra el 7%, te diríamos ¡mejor invierte!

Con el tiempo hemos percibido que esta respuesta tiene muchos matices. Por ejemplo, ¿Qué pasa si no sabes invertir y pierdes el dinero? Te quedarías con la deuda y sin el dinero. ¿Qué pasa si estás en una situación de riesgo financiero y puedes perder tu trabajo y tu única fuente de ingresos en el corto plazo? Entonces es mejor que hagas un fondo de provisión. ¿Tienes ya un fondo de imprevistos? ¿Eres soltero o tienes pareja? ¿tu pareja también produce dinero? ¿tienes hijos? ¿Eres de las personas que son buenas frente a la tolerancia emocional del riesgo o te ahogas en un vaso de agua cuando se refiere a pensar en inversiones con riesgo?, ¿Me hago entender con lo que quiero decirte? Cada situación y cada persona en cada situación hace que la respuesta a la pregunta cambie.

En este capítulo vamos a abordar esta pregunta asumiendo que quien nos hace la pregunta es una persona común y corriente, sin experiencia de inversión, casi nada o muy poco en sus ahorros y unas deudas malas considerables que se llevan buena parte de sus ingresos cada mes, entre la cuota, los intereses y los gastos asociados. Además, asumiremos que estas deudas y pagos causan, como en casi todas las personas y familias, ansiedad y problemas, tanto de salud como de relaciones.

Mantener altos niveles de estrés en el cuerpo y en la mente por mucho tiempo, es muy complicado porque puede causarnos enfermedades físicas y mentales. El miedo (estrés) tiene una función vital de preservar la vida y de supervivencia. Es fundamental en situaciones de riesgo de vida y activador de funciones corporales necesarias. Cuando vivíamos en cavernas, en la era del hielo y nos perseguían mamíferos gigantes con colmillos inmensos, el estrés se agradecía pues hacía que tuviéramos mucha energía en brazos y piernas, corriéramos más rápido que nunca, trepáramos árboles o nos defendiéramos con pericia.

Los animales en la selva siguen sobreviviendo gracias a ese tipo de estrés y en situaciones de peligro, generan cortisol para sobrevivir a los diferentes ataques a los que se enfrentan en la naturaleza. Una vez superan la situación puntual de peligro, el estrés se va y vuelve la normalidad. Los animales salvajes en libertad no sufren entonces de las terribles consecuencias de ese estrés prolongado y acumulado.

El ser humano de hoy no está preocupado por preservar la vida en el sentido de sobrevivir a ataques de depredadores, sino que pasa incontables horas del día y de la noche estresados por sus problemas, en muchos casos financieros y en la mayoría de los casos, problemas provenientes de las deudas. Podríamos prolongarnos en este tema, pero no es el objetivo de este libro; lo que sí es importante entender, es que para la inmensa mayoría solucionar sus deudas traería un aumento considerable en su calidad de vida. Por ello, las condiciones emocionales deben ser valoradas en el momento de evaluar si pago deudas o mejor ahorro e invierto.

Sin tener en cuenta las situaciones particulares de cada uno, que como te dije, pueden hacer que esta respuesta varíe sustancialmente, a una persona común y corriente le daríamos la siguiente formula:

1. Crea un Flujo Libertador (gana más de lo que gastas). Este flujo lo obtendrás de seguir los consejos de este libro disminuyendo tus gastos y aumentando tus ingresos. Entenderás mejor este concepto en el capítulo del flujo libertador para dar muerte a las deudas malas.

2. Paga las deudas abusivas que tengas en mora o que te estén cobrando un interés alto (más de un 1,2% al mes o 14% anual).

3. Construye un colchón financiero igual a 3-6 o 12 meses de gastos, dependiendo de la estabilidad de tus ingresos.

4. Continúa pagando deudas y elimina todas las que estén por encima de un 5% anual.

5. Sigue eliminando tus otras deudas de bajo interés

(como la hipoteca), pero destina parte de tu flujo a ahorrar e invertir y empieza a aprender sobre rentabilidades y opciones de inversión en que encuentres rentabilidades mayores a lo que pagas en estos créditos de bajo costo. Empieza pequeño y ve paso a paso.

6. Cualquier bonificación o premio que recibas que no haga parte de tus ingresos normales, destínalo según esta lista a ir cubriendo del 1 al 5.

7. Nunca pares de aprender, sigue invirtiendo e investigando y encuentra la fórmula de inversión en el área que más te guste y que esté alineada con tus valores, bien sea productos financieros como la bolsa, negocios o bienes inmuebles.

Al salir de esas deudas nocivas que no solo minan tus ingresos sino tu autoestima, verás un gran aumento en tu confianza y en tu autoestima. Estarás más dispuesto a tolerar el riesgo y se te abrirán puertas que antes no conocías, pues toda tu energía se iba en pagar esas deudas en vez de dedicarla a prosperar. En los próximos capítulos descubrirás la fórmula masiva para eliminar por siempre las deudas malas.

#STOP_BULLYING_FINANCIERO

En esta época es muy común hablar de bullying (matoneo). La verdad es que ahora la palabra está de moda y se ha tomado consciencia del daño que hace en los niños, aunque siempre ha existido y no solo entre los jóvenes, sino en todas las edades e inclusive industrias, política, empleos, etc. Ahora haremos referencia a uno de los más fuertes y prolongados bullyng a los que se someten las personas y es el de tipo financiero.

El Bullying es el acoso del que una persona ha sido víctima por parte de alguien que tiene poder sobre ella. Ese poder puede ser físico, como ocurre con los niños, sin embargo, en la mayoría de los casos la consecuencia más fuerte se da a nivel psicológico y permanece aun cuando el acoso ha terminado. Para que el bullying sea efectivo, debe haber una constancia en la condición de acoso. Es decir, si solo es una situación puntual, no es bullying, es un altercado. El bully o acosador, tiende a ejercer presión de manera constante en su acosado de varias formas, recordándole a su víctima que es impotente ante él y golpeando su autoestima. Es común que hagan bromas pesadas, usen sobrenombres humillantes y despectivos, y que lo hagan en una forma regular para mantener esa presión. El bully imparte muchas dosis de miedo, usa la presión social al humillar frente a los demás y solo en algunas ocasiones llega a la agresión física que podría comprometer su propia integridad. Entre menos tenga que hacer uso de la fuerza real, más exitoso es como acosador.

Una víctima de bullying, puesto que piensa frecuentemente en ese acoso, sufre de una persecución que no da tregua, desmejorando no solo su capacidad mental, sino drenando su energía en la preocupación y proyección negativa que el bullying le causa. Están perdiendo su vida, pues la vida es energía. Un niño puede pasar mucho tiempo maquinando cómo evitar el encuentro con sus acosadores y entonces empieza a buscar excusas para faltar a clase, piensa constantemente en esconderse o en salir corriendo. En casos extremos, como se ha vuelto común en los Estados Unidos, han llegado a cometerse incluso masacres por parte de víctimas de bullying.

Tal vez lo más peligroso del bullying, es que en el corto plazo es muy eficaz. Por eso, cada vez vemos más presidentes de países y directores de compañías que usan el bullying en su día a día. Así sacan adelante políticas extremas que maltratan a montones y le dan prioridad a la rentabilidad a corto plazo sobre el largo. Evidentemente el capital más grande que tenemos es el humano, y por medio de estas políticas hacemos daño a los demás, minando su confianza y perdiendo su lealtad, valores vitales para las relaciones de largo plazo empresariales y comerciales. Esos beneficios que trae el bullying inmediato son demasiado peligrosos, pues podrán costarle a estos políticos y directivos corporativos sus equipos, sus clientes y hasta su misma compañía.

El sistema financiero es un maestro en la práctica del bullying y trabaja en equipo con otras industrias muy potentes, como la prensa, el consumo y la automotriz. La publicidad por su parte se encarga de bombardearte con publicidad de todas las cosas que "deberías tener" para que tu vida sea perfecta. Te hacen creer en tu mente subconsciente que alcanzarás tu felicidad completa comprando ese teléfono, ese automóvil, esa propiedad o si te vas de vacaciones. Y entonces entran a escena los bancos y las compañías de financiamiento, que están ahí para ofrecerte un crédito que lo hará posible. Toma consciencia una semana de cuántas veces eres bombardeado para comprar algo y de cuántas formas diferentes. Comerciales de TV, vallas publicitarias, avisos cuando navegas por web, posts en tus redes sociales, volantes en tu buzón, comerciales al ver videos en YouTube, etc. Todo es parte de lo que hemos denominado "bullying financiero", con el único fin de que les entregues tu dinero, tu poder, tu energía, tu vida a los demás. También te llueven ofertas para que saques esa tarjeta de crédito Visa y como ya lo sabes… "para todo lo demás, existe Mastercard". Te ponen el coche de tus sueños y abajo una cuota pequeñita que hay que pagar cada mes. No están mostrándote que para lograr esa cuota tendrías que pagar casi la mitad del valor del vehículo de entrada y la otra mitad al finalizar. Entras a la web de tu banco y te muestran ofertas de productos financieros que llegan a parecer dinero gratis y serías un tonto si no lo tomaras. Ni hablar de las llamadas que nos hacen para impulsar productos bancarios, hipotecas, créditos de consumo y otras tarjetas, incluso de establecimientos comerciales.

Te agotan antes de comenzar cualquier transacción, porque el bombardeo ocurre desde antes de que compres algo o tomes uno de sus productos. Después viene el acoso de recibir en tu casa las cuentas de cobro, la saturación de tu email con comunicaciones bancarias y ahora que tenemos apps, las notificaciones individuales. Así funciona el bullying financiero tradicional. ¿Qué me dices además de todos los productos que te adjudican sin haberlos pedido? ¿pólizas de seguros que no necesitas?, ¿tarjetas de crédito que no quieres?

Recuerdo que una vez mi cuñada nos contó que de pronto los llamaron a cobrarles una deuda que tenían retrasada y que nunca habían adquirido. Resulta que mi cuñado es médico y un día que estaba atendiendo en su consulta lo llamaron a ofrecerle una tarjeta de crédito. Él les dijo que en ese momento no los podía atender y le preguntaron que si estaba interesado. Por terminar la llamada les dijo que sí, pero que en ese momento no podía atenderlos, que después hablaban. Pues resulta que tomaron ese sí como suficiente para expedir la tarjeta y empezar a cobrarles una cuota mensual. Al averiguar, el banco respondió que con ese "sí" bastaba. Las leyes, por triste que sea, muchas veces protegen y favorecen el bullying financiero, entonces hay que tener mucho cuidado y lo mejor es decir con decisión:

NO ME INTERESA, SÁQUEME DE LA BASE DE DATOS, ESTÁN VIOLANDO MI PRIVACIDAD.

Ahora… ¿qué pasa si te retrasas en los pagos? Pues ahí si comienza el acoso profesional, amenazas por pagos tardíos, aplicación de castigos como intereses de mora, amenazas de abogados, amenazas de perseguir tus bienes y los de tus codeudores si es el caso. Lo siguen las llamadas a cobrar y hoy en día además le ceden tus obligaciones a terceros que comienzan a llamarte y a acosarte también, algo a lo que tú no sabes en qué momento los autorizaste. Por último, la amenaza real: un proceso judicial en que acarrearás con un montón de gastos, tendrás que contratar un abogado y pagar el de ellos, las comisiones de los intermediarios y todo para terminar perdiendo el bien que habías comprado.

Aparte de esto, recibes facturas de servicios públicos como energía eléctrica, agua, gas, televisión por cable, internet, subscripciones de contenido, plataformas y webs que te cobran por su uso. Sumémosle los impuestos, impuesto de renta, impuesto de circulación de automóviles, impuestos de propiedades, si eres comerciante, el impuesto a las ventas, al comercio, otros, en fin… todo lo que hay que pagar para que la oficina tributaria no te persiga. En la prensa y en las noticias de televisión, todos los días hay noticias que intimidan a todos aquellos quienes pudieran no cumplir con el pago de impuestos, y les repiten cómo pueden inclusive terminar en la cárcel y así de fácil, su vida se termina.

Puedes decir que es normal y lógico que te cobren, y es algo que no puedo discutir, pero piensa por un momento el efecto que todo esto tiene en tu subconsciente y la carga de estrés que trae para tu vida. ¿Te das cuenta de las similitudes con el bullying que ocurre en los colegios? Eres presa psicológica del constante abuso de poder. La mayoría de las personas se sienten impotentes y débiles ante esta presión de las instituciones financieras y solo quieren salir del problema y que los dejen en paz.

Muchos están dispuestos a renunciar a su idea de una vida mejor y a emprender por el miedo que tienen grabado tras tanto bullying financiero. Nos hemos encontrado con modelos de pensamiento atroces. Uno de los más aterradores es ¿Para qué emprendo si hacienda se quedará con todo? Si afirman esto podrían también preguntarse ¿para qué vivo si voy a morir? Están renunciando a crear la vida que podrían tener y cancelan la carrera antes de comenzar. Todo porque el bullying financiero que han experimentado en sus vidas los tiene tan traumatizados que prefirieron retirarse antes de si quiera intentarlo.

Una víctima del bullying financiero se la pasa también proyectando escenarios negativos sobre sus finanzas en el futuro, presas del pánico de perder su vivienda, su fuente de ingresos, su libertad, el amor de su familia y su salud. En los casos más extremos, vemos cómo algunos huyen o inclusive llegan a quitarse su propia vida, tal como lo haría un niño que no encuentra salida en la escuela porque su vida es un infierno producto del bullying.

Pues este capítulo se trata de decir **¡NO MÁS!** No seré presa del bullying, yo impondré mis condiciones porque es mi dinero y yo puedo decidir. ¡El poder lo tengo yo en esta era post industrial como Consumidor y al que no le guste se puede ir a meter por donde ya sabemos! El primer gran **detox financiero** que proponemos será este, detox del bullying financiero. Ahora que ya somos conscientes de que somos víctimas del bullying, tenemos una ventaja enorme, somos adultos y tenemos la capacidad de detenerlo y nunca más caer en él.

Hace un par de años, vi cómo en mi tarjeta de crédito empezó a aparecer un cobro extraño cada mes de un monto pequeño que lo único que tenía era un identificador que era SEG####, siendo #### un numero de 4 dígitos. Al llamar al banco a preguntar qué era eso me dijeron que era un seguro que yo había contratado. Al averiguar qué tipo de seguro era, me dijeron que era para protección por robos en los cajeros automáticos al retirar dinero. En ese momento yo me encontraba viviendo fuera de ese país, así que les dije que yo no lo había solicitado pues no tenía la necesidad de retirar dinero por cajero. Al aclarar que aquella línea de atención al cliente a la que había llamado solo era un servicio informativo, me dijeron que debía presentar una queja pues en el sistema constaba que yo había aceptado ese seguro. Le pregunté cuál era la prueba de que yo lo había aceptado y me dijeron que tenía que haber una grabación pues constaba en el sistema que me habían hecho una llamada para confirmar la aceptación del seguro a mi teléfono. Mi teléfono estaba desconectado hacía meses, pues ya yo vivía en otro país.

Lo primero que hice fue manifestar en mis redes sociales, en las que tenemos decenas de miles de seguidores, mi disgusto y la injusticia cometida. Los señalé en los comentarios y dije que no había derecho a que esto sucediera. De inmediato, empezamos a recibir comentarios de personas que les había pasado algo similar y manifestaban su apoyo y desacuerdo con el proceder de los bancos.

Me contactaron en breve por mis redes sociales disculpándose por todo y pidiéndome más información del caso. La velocidad con la que responden en redes sociales es impresionante. Un post negativo les puede costar miles de clientes, así como pasó con el músico que hace unos años publicó un video en el que le rompían su guitarra en una aerolínea al maltratarla en el manejo del equipaje. Ese hecho fue un descalabro económico para esa aerolínea, afectó inclusive el valor de su acción en bolsa, marcó una era en la que nosotros como clientes tenemos el poder a través de las redes sociales y podemos expresar masivamente nuestra inconformidad de una manera nunca antes contemplada.

Procedí entonces a escribir a la oficina del banco donde tengo las cuentas personales y empresariales y directamente al director de esa oficina. Le dije que quería comenzar una investigación por fraude y suplantación de identidad. Expliqué cómo estaban cobrándome un seguro que no había solicitado y además me decían que tenían una grabación en una fecha en que yo no había estado en el país, en la que yo aceptaba el cargo mensual. Envié copia de los sellos de salida del país de mi pasaporte que probaban que era imposible que yo hubiera recibido dicha llamada. Les pedí brevedad en la investigación y acceso a la grabación pues mi abogado presentaría una denuncia penal al respecto, al ser víctima de esa suplantación. En menos de 20 minutos recibí una llamada del director de la oficina disculpándose y diciéndome que debía haber un malentendido. Me dijo que ya habían reversado los cobros y como compensación me anularían también cargos fijos de la tarjeta. Le dije que eso estaba muy bien, pero que igual me preocupaba el tema de mi seguridad y quería proceder con la investigación. Me dijo que lo comentaría con el área encargada. Días después recibí otra llamada en la que se me explicó que había sido a causa de un error interno, y que como era evidente, yo no estaba en el país en esos días en que se supone que me llamaron.

Inmediatamente pensé en la cantidad de personas que, a diferencia de mí, debían seguir pagando mes a mes dicho cargo oculto, sin ser conscientes de ello y los millones que los bancos se adjudican a costa de incautos que no hacen uso de su poder y se dejan hacer bullying. Algunos por descuido, pues la mayoría ni revisa sus extractos, otros por pereza de reclamar y otros porque creen que no hay nada qué hacer frente a estos titanes bancarios y empresariales. Créeme, son como David y Goliat, los puedes hacer caer con una honda y una piedra. En esta época la honda y la piedra son las redes sociales y arrodillan a gigantes.

Querido lector, el paso a seguir es que hagas un plan para comunicar a cada uno de los que nos hacen bullying que hasta acá llegaron sus días de abuso de poder y que no lo vamos a aguantar. Más adelante, les pediremos opciones para disminuir las deudas y seremos nosotros quienes propongamos un plan de pagos que se ajuste a nuestro plan financiero y podamos salir de deudas malas, ahorrar e invertir, construyendo el futuro libre y sólido que merecemos.

Recuerda que las instituciones financieras, así como todas las demás, compiten entre ellas y gastan enormes presupuestos en marketing y publicidad para conseguir y retener a sus clientes. Imagínate que después de haber invertido todo ese dinero en tenerte a ti como cliente, tomes el teléfono, los llames y les digas "me voy con otra". ¡Pues eso es lo que vas a hacer!

TOMA EL CONTROL

¡LA MAGIA DE CREAR UN FLUJO POSITIVO YA!

-Por Catalina Cortés

Todos podemos crear un flujo positivo mensual nuevo desde hoy mismo si aprendemos a ajustar ciertos o mejor, todos los gastos de la casa. Es un proceso mágico, no apto para perezosos. Vas a tener que hacer llamadas, cotizaciones y movimientos que van a requerir tiempo y atención, pero que, como arte de magia, te van a liberar dinero, que se convertirá en un espectacular flujo positivo que comenzará la ola de libertad o lo que más adelante llamaremos "el flujo libertador".

¿Y cómo se hace esto? Ya voy a explicártelo en detalle, pero antes necesito que entiendas que esto es un proceso que va a necesitar que tengas disciplina y paciencia. La mayoría de la gente no lo hace porque siente que va a ser demasiado trabajo, pero espero que tu sí lo hagas y entiendas que vale la pena. En esta vida tomamos todas las decisiones por dos motivos, evitar el dolor o buscar el placer, así que espero que entiendas que este ejercicio te ayudará a reducir el dolor en tu vida, pues gastarás menos y tendrás menos preocupaciones, pero también aumentará tu placer enormemente en el futuro con el uso que le daremos a ese flujo.

La economía de una casa está compuesta por muchos micro gastos. Estos micro gastos sumados son una cantidad de dinero grande. No menosprecies bajar 10 o 20 dólares uno de esos gastos. Todo suma. Y al final son esos pequeños ajustes los que van a hacer la magia. Muchas personas dicen: ¿pero hacer todo eso para ahorrarse 10 al mes? ¡Que tontería! Este libro está diseñado para que esos 10 se sumen a otros 20 allá, 50 por otro lado y 500 o 1000 de otra estrategia. No los desprecies, recuerda que con lo que cuesta un café al día puedes hacerte millonario, como lo vimos en el capítulo del interés compuesto. Todo suma, así que mira la pantalla grande y no te quedes en las minucias. Esto hace parte de nuestro *detox financiero* y por poco que parezca, se trata de sacar de nuestro sistema financiero todo lo que nos intoxica para que liberemos tierra en donde plantar las nuevas semillas de la prosperidad.

¡Tenemos un regalo para ti!

En este libro no entramos a enseñar a hacer un presupuesto, pues sabemos que hay muchos libros y videos en internet que pueden ayudarte a hacerlo. En el siguiente código QR podrás descargar un formato para que hagas tu presupuesto; este formato además, te ayudará a sacar tu estado P&G (Pérdidas y Ganancias) y a hacer un análisis de ingresos Vs gastos.

¡Así que manos a la obra! Primero necesitas crear una lista lo más completa posible de tus gastos, los básicos, los variables, los semanales, los mensuales, los trimestrales, semestrales, anuales, todos. La mayoría de los presupuestos fallan en pasar por alto micro gastos que piensan que son insignificantes, pero que al sumarlos pueden hacer un hueco en tu economía. Yo voy a dividirlos para crear varios flujos positivos en diferentes categorías de gastos:

-Servicios básicos: agua, energía eléctrica, gas natural, teléfono celular, internet, televisión, servicios de subscripción.

-Gastos hogar: hipoteca, impuestos, gastos administración o comunidad.

-Alimentación: mercado.

-Seguros: médicos, de hogar, automóvil, profesionales, seguros de vida, mascotas.

-Educación: colegios, universidades, clases particulares, deportes.

-Diversión: salidas a cenar, escapadas, vacaciones.

-Vestuario: ropa, uniformes.

SERVICIOS BÁSICOS:

Agua

Aunque en la mayoría de países no hay empresas que compitan para prestar este servicio, si hay cosas que puedes implementar para gastar menos agua en tu casa y bajar un poco esa factura como:

-Usar ahorradores de agua en tus grifos y ducha. Pueden llegar a ahorrarte entre un 18% y un 47% de agua.

-Usa un vaso para lavarte los dientes.

-Usa la máquina lavaplatos llenándola a su máxima capacidad, podrás ahorrar un porcentaje importante de agua y te liberará tiempo.

-Usa detergentes concentrados que se diluyan fácilmente en el agua. Así podrás usar el ciclo corto de tu lavadora que enjuaga solo 1 vez, en vez de 2 como el ciclo normal.

-Mantén en buen estado tus grifos, lavamanos, duchas y sanitarios para que no tengan escapes.

Energía eléctrica

En países como España hay diferentes empresas que prestan el servicio de electricidad, así que puedes llamar y cotizar en mínimo 3 empresas diferentes y ver qué ofrece cada una. Yo siempre me inclino por las que producen su electricidad en forma limpia (ecológicas).

Estas empresas ofrecen franjas de horarios donde es más barata la energía eléctrica, para así aprovechar esos horarios y usar los electrodomésticos que más consumen en esas horas, como el lavavajillas, la secadora, lavadora, termo de agua (calentador). ¡El ahorro ahí es enorme! Solo necesitas programarte para usar estos aparatos en esos horarios y vas a tener un flujo positivo de 20 o 30 dólares por mes.

Si en tu país no existe esta competencia, lo más recomendable es buscar temporizadores para algunos electrodomésticos. Nosotros usamos por ejemplo uno para el filtro de agua pues sabemos que no necesitamos agua purificada entre ciertas horas de la noche y de la madrugada, así que ¿para qué tener encendido el aparato consumiendo energía eléctrica? Lo mismo puedes hacer con el wifi de tu casa y de hecho los médicos lo recomiendan para reducir las ondas y el magnetismo de tu hogar. Si no lo haces por el ahorro, ¡hazlo por salud! También puedes preferir los electrodomésticos de gas natural, que son más económicos y optar por tecnologías de bajo consumo.

Hace poco en un seminario en USA una pareja me enseñó que con cambiar los focos de luz o bombillos por luces Led, había generado un ahorro de hasta 50 dólares en su factura. Claro, son más costosos al comprarlos, pero duran mucho más y su rendimiento frente a los tradicionales es superior, casi un 90% más de rendimiento y puesto que lo que queremos es liberar cashflow mensual, aplica al cien por ciento.

Gas natural

Si tienes en tu vivienda conexión a gas natural, ya tienes una gran ventaja. Los gasodomésticos tienen una eficiencia muy alta y consumen poco.

Servicio de telefonía fija y móvil (celular)

Lo primero que quiero que pienses es que tener un teléfono fijo en casa es una pérdida de recursos. Hoy en día, casi nadie usa el teléfono fijo, así que puedes eliminarlo de tajo de tus gastos. Ya sabemos que tu compañía de internet te quiere vender una a toda costa y te la incluye en los paquetes, pero ¿sabes qué? ¡Eso es Bullying financiero, no lo permitas! Recuerda: #STOP_Bullying_financiero. En la telefonía celular hay muchísima competencia y eso está a favor de nosotros los clientes. Entiende que aquí el juego es que tú como cliente tienes el poder y debes usarlo. Si en algo hacemos énfasis en nuestros seminarios presenciales es en este punto: Empoderar al consumidor. Tú tienes el poder de decidir y debes exigir. Ya se acabó la época de grandes monopolios, aunque sea en estas áreas. Ahora la competencia te da la ventaja. Aprende a usarla.

Una vez por año Fer y yo, recotizamos todos nuestros servicios. Buscamos qué empresa nos da mejores ventajas, al menor costo. Cotizamos 5 empresas en promedio, incluyendo en la que ya estamos. Lo hacemos con mucha actitud, esa es la clave, necesitas empoderarte y llamar para ver qué pueden ofrecerte y cómo pueden mejorar tu servicio.

Haz algo tan simple como poner en tus redes sociales ¿cuánto pagas de teléfono celular? y pregúntales a tus conocidos si alguien paga menos. Vas a ver lo que pasa. Te van a aparecer muchas nuevas opciones. Con esas cifras puedes llamar a esas empresas y ver qué te ofrecen.

Televisión por cable

Aunque puedes hacer el mismo ejercicio que con la telefonía móvil, la verdadera pregunta es: ¿En realidad necesito un servicio de televisión por cable? La verdad es que con un Smart tv, Netflix, Amazon prime y/o YouTube o con los de deportes específicos que te gusten, no necesitas mucho más. ¡Nunca ves la mayoría de canales! Además, sin televisión por cable dejarás de perder tanto tiempo pasando canales y puede ser un incentivo para leer más y aprender acerca de temas de mayor interés.

Servicios de suscripción

En la era de las apps, los canales de pago, las revistas online, etc. La mayoría de nosotros tiene entre 3 y 5 suscripciones mensuales o anuales que no usamos, es más, muchas veces ni las recordamos y como son a un costo "bajo" en la factura de la tarjeta, ni nos damos cuenta de que las seguimos pagando. Es momento de hacer un Detox de todos esos pequeños cobros y empezar a verificar cuáles de ellos de verdad son indispensables o tan siquiera deseados. Los demás ¡cancélalos de inmediato!

Pólizas de seguros

Aquí el punto está en saber verdaderamente qué seguros necesitas y cuáles no son indispensables en esta etapa de tu vida. Está de moda tener seguros para todo, pero ¿en realidad necesitas tantos? Haz una lista de todos los seguros que tienes y analiza uno a uno cuál o cuáles necesitas. Hay países en los que por problemas de seguridad, tener el móvil o celular asegurado es importante, mientras que en otros no. Un seguro de vida es importante para una persona con familia, mientras que, para un soltero joven, la necesidad no es mucha.

Un *seguro médico* puede ser importante según tu país, hay lugares con un excelente servicio de Salud público, mientras que en otros es muy básico. Cuando hayas decidido si es necesario, puedes empezar a cotizar los servicios de las diferentes empresas ¿Vas con frecuencia al médico? Hay algunas compañías en las que pagas por la cita médica un pequeño costo, otras no. Otras te cubren en el exterior, o tienen una mayor cobertura en todo el país. Estos elementos son las variables que determinan el precio. Piensa ¿qué tan seguido sales de viaje a otras ciudades? ¿Viajas con frecuencia al exterior? Tengo conocidos pagando seguros muy costosos y nunca salen de su ciudad.

Después de este análisis y de que tengas claro qué tipo de servicio necesitas, ahora si puedes hacer comparativas de precios y decidirte por el que mejor se ajuste a tus necesidades reales. Recuerda hacerlo entre 3 a 5 empresas, no menos.

Seguros para el hogar. Nosotros siempre hemos tenido aseguradas nuestras propiedades, es algo que nos da tranquilidad. En esta área hay mucha variedad. Te cubren desde daños estructurales, robos, hasta cambiarte la silicona de la bañera. Decide qué tipo de seguro necesitas y procede a hacer la comparativa de precios con las empresas, ya sabes cómo es.

Ten cuidado con los seguros que te obligan a tener los bancos por hipotecas. En la mayoría de los casos, después de un año podrías tener ese seguro con cualquier empresa externa y seguro que puedes lograr un mejor precio. Averígualo. Además, pide que te expliquen cada uno de esos seguros que te obligan a tener: ¿por cuánto tiempo son?, ¿qué cubren?, ¿podrías tenerlo con una entidad diferente a ellos?

Cuando viajas, algunas tarjetas de crédito te ofrecen seguros médicos en el exterior o de alquiler de vehículos. Es interesante saber qué te ofrece y con qué requerimientos lo hace. La mayoría de tarjetas Negras, Platinum o Premium, te dan estos seguros gratis además de salas VIP en diferentes aeropuertos del mundo. Si eres una persona que viaja mucho, esas cosas se agradecen.

Diversión

Aquí el punto es planear con tiempo. Si quieres un viaje, planéalo con tiempo, encontrarás mejores ofertas en los temas de pasajes, hoteles y excursiones, si lo haces con tiempo. No seas perezoso y compra tú mismo los pasajes, si vas a una agencia de viajes te saldrá más costoso en la mayoría de los casos. Solo entra a tu buscador y pon buscadores de tiquetes online, vas a encontrar muchísimos. Nosotros siempre cotizamos por los portales y páginas web de las aerolíneas. En ocasiones es mejor comprar directamente en la aerolínea y en otras comprar a través de los buscadores de tiquetes. También puedes poner una alerta de disminución de precio y el sistema te enviará notificación cuando haya rebajas a los destinos que elegiste.

Puedes conseguir guías en las ciudades que vas a visitar, busca portales de hospedajes o de reseñas. No somos viajeros de tours; para nosotros comprar tours es como pagarle a alguien para que sea tu jefe en vacaciones. Recuerdo cuando viajamos a China con unos amigos, durante casi un mes. Puesto que nos gusta disfrutar cada lugar a nuestro ritmo, hicimos un contacto directo por internet a un guía joven que tenía muy buenos comentarios, hablamos con él por chat e hicimos las visitas con su equipo en las diferentes ciudades. Fue un viaje espectacular, conocimos los sitios con guías locales de cada ciudad, aprendimos mucho de su cultura y fuimos a nuestro ritmo. Pagamos menos de la mitad de lo que pagaron otros amigos que tomaron tours. Igual hemos hecho en Marruecos, Turquía, Jordania y la mayoría de los 51 países que hemos conocido hasta el día de hoy.

Usa portales que ofrecen descuentos en restaurantes, experiencias de spa o escapadas; te sorprenderás de cuánto puedes hacer pagando mucho menos. También hay gimnasios, clases de yoga, tratamientos estéticos, peluquería, uñas y otras actividades que se publicitan ahí, con descuentos hasta del 80%.

Shopping

Salir de compras es un placer que disfruto, tengo que aceptarlo, como la mayoría de las mujeres y un número creciente de hombres. Te sugiero hacerlo en época de rebajas y llevar una lista de compras. En asesoría de imagen aprendí que la mayoría de las cosas que compramos por emoción, casi nunca las usamos. Muchas son cosas que se veían lindas en la tienda, pero que no van ni con tu estilo, ni con tu guardarropa.

Siempre llevo una lista de las cosas que necesito o que pueden ser una buena opción de compra. Suelo planear dos idas de shopping al año, en época de rebajas o en los Outlets. La verdad no me interesa comprar cosas de la última temporada.

Cuando vamos a comprar cosas grandes, como muebles o tecnología, comparamos muchas tiendas online y luego dejamos pasar unos días antes de comprar. Nos preguntamos ¿de verdad necesitamos eso? Si después de cinco días crees que sí, pues escoge la mejor oferta. Aunque Fer es un fan de la tecnología, siempre espera un poco después de los lanzamientos para ver qué mejoras reales traen los lanzamientos y si vale la pena.

En este punto la inteligencia emocional es lo más importante. Evita dejarte llevar por tus instintos biológicos de comprar por comprar. Tampoco compres cosas para impresionar a tus amigos, pues a ellos no les importa. Todo el tiempo vemos a personas haciendo compras grandes, como vehículos costosos y son personas que no tienen ninguna inversión rentando en sus vidas o peor aún iadquieren deudas malas para comprar esas cosas.

Aplicándote a hacer lo que te he enseñado en este capítulo con dedicación y empeño, puedo garantizarte que podrás liberar atesorados dólares mensuales que, combinados con todo lo demás que estás aprendiendo, entrarán a sumar a tu flujo libertador con el que construiremos tu libertad financiera. Hago énfasis en que no te dejes ganar por la pereza y también en que sea algo que ejecutes no solo una vez. Repetir este trabajo año tras año tiene un valor incalculable, pues las compañías prestadoras de servicios renuevan sus ofertas y tienden a favorecer a los nuevos clientes sobre los antiguos, a quienes ven como vacas lecheras de largo plazo por las que no hay que hacer grandes gestos, pues están ya acostumbrados a su servicio. Tú eres diferente, tú estás acá por lo mejor y vas a dejarles claro que para retenerte tendrán que darte tratamiento VIP.

REESTRUCTURACIÓN DE DEUDAS, REFINANCIA BAJO TUS PROPIOS TÉRMINOS.

En su guerra comercial, las entidades financieras buscan no solo captar nuevos clientes, sino robar los clientes de la competencia. Lo hacen ofreciéndoles mejores condiciones. Así como las empresas de TV y telefonía, las financieras ofrecen absorber los créditos de otro, subrogar hipotecas, sacar nuevas tarjetas en las que se consoliden tus deudas anteriores o te ofrecen créditos de libre inversión que te permitan pagar todas tus otras deudas y quedar solo con esa deuda y con mejores condiciones en cuanto a intereses, cuotas y plazos. Esto te liberará cientos de dólares, euros o pesos, permitiéndote redirigirlos hacia el mismo pago de esas deudas o hacia el ahorro y la inversión. Todo esto nos suma de manera significativa a nuestro *detox financiero*, desintoxicándonos de costosos intereses y cargos que tienen tus finanzas enfermas.

Te pondré un ejemplo personal del impacto tan brutal que esto tiene en tu Cashflow. Hace un par de años compramos unas propiedades de inversión. Al no ser residentes fiscales en dicho momento en España, el país donde realizamos esta inversión, tuvimos dificultades para encontrar créditos. Un banco nos ofreció un crédito en el que los términos eran buenos, excepto el plazo en que debíamos pagarlo, que era de 10 años. Siendo así, la cuota mensual era muy alta (2600€) y lo que recibíamos de alquiler ni siquiera cubría el importe (2500€), sin contar los seguros. Al no tener mejor alternativa en ese momento y no querer pagarlo de contado, decidimos tomarlo porque estábamos comprando esas propiedades a un muy buen precio. Más adelante en el capítulo en que hablamos de inversiones inmobiliarias te contaremos cómo hacer buenos negocios en esa industria, pero por ahora lo importante es ver cómo operan los créditos.

Un año después, llegamos con los extractos, certificados y contratos de alquiler, que mostraban cómo estas propiedades estaban siendo gestionadas correctamente y producían de manera constante dinero en dicho país mes a mes. Además, certificamos otros ingresos en ese país fruto de nuestra labor empresarial y nuestra *máquina de hacer dinero*. Le pedimos al banco reconsiderar las condiciones y aportamos la documentación. Días después nos contestaron que no era posible y a la agente comercial que nos atendió se le ocurrió confesarnos que el banco ya sabía que podíamos pagar esa cuota, así que por qué nos iban a bajar.

Al instante, con Cata nos dijimos: "¿ah sí? ¡Pues me verás irme con otra!" y comenzamos a tocar puertas en diferentes bancos. A través de referidos, llegamos a uno que nos ofreció extendernos el plazo de 10 a 25 años, mantenernos los términos, pero como además las propiedades se habían valorizado y ahora la tasación de las propiedades era mucho mayor, nos ofrecieron darnos un 25% más del dinero que debíamos al momento para que lo destináramos a lo que quisiéramos. Es decir, podíamos ampliar la hipoteca. ¿Resultado en Cashflow? Por un lado, se nos bajó la cuota a la mitad, dejándonos ahora si una hermosa rentabilidad y liberándonos un cashflow de más de 1.300€ al mes. Por otro lado, con el 25% extra que nos dieron, podíamos comprar otra propiedad que nos dejaba unos 500€ adicionales. En términos prácticos, el ejercicio nos liberó 1.800€ mensuales, por el simple acto de no conformarnos e insistir hasta que conseguimos los términos que funcionaban para nosotros.

Tal vez llevas muchos años pagando tu hipoteca, tal vez el valor de la propiedad ha subido, tal vez la inflación sea diferente a lo que era cuando contrataste el crédito, tal vez el banco cambió sus políticas, tal vez haya nuevos competidores en el mercado que ofrecen mejores términos. Tal vez fuiste tú quien cambió y ahora eres mucho más atractivo para el sector financiero y están dispuestos a prestarte en mejores términos, pues en su análisis eres mucho más confiable y representas un menor riesgo. Puede ser también que cuando sacaste el crédito era normal un interés del 5% anual y ahora esté alrededor del 2,5%. Eso quiere decir que tienes una alta probabilidad de bajar los intereses que estás pagando a la mitad. ¿Te imaginas? La mitad del costo. Tal vez haya un banco u oficina que no haya cumplido sus metas y los gerentes estén desesperados por cumplirlas como sea. ¡No sé! ¡Lo que si sé es que si buscas, encuentras!

Subrogación, novación, absorción de deuda, todas son formas de llamar a algo que para ti significan lo mismo: mejorar tu Cashflow. A veces las entidades para no perder clientes, cambian los términos de su misma hipoteca, pero no esperes que ellos te llamen a decírtelo. Cuando hagas este proceso, asegúrate de ir por lo menos a tres bancos además del tuyo. Pide hablar con el director de la oficina para conocerlo. El mundo de la banca y de los créditos es muy subjetivo. El mismo banco en diferentes sucursales ofrece créditos en condiciones diferentes y muchas veces la diferencia depende de si tienes o no relación con el director de la oficina. Por otro lado, conocemos personas a quienes no les dieron un producto financiero en su oficina de toda la vida, como por ejemplo un renting inmobiliario, y al preguntar en una oficina en otra ciudad, del mismo banco, por teléfono, o ir recomendado por alguien más que ya había hecho esa figura de renting, sí se lo dieron.

Parte de la impotencia que sentimos los seres humanos ante los bancos es que creemos que usan un método único e inflexible, ajeno a las emociones humanas y libre de cualquier influencia que podamos ejercer. Esto en la práctica no es así. Los bancos tienen una oficina de riesgos que analiza los documentos que adjuntes para el estudio de tu crédito, pero en últimas es un ser humano el que toma la decisión, como en todo. Si te presentas de frente a los directores de oficinas bancarias, muestras una imagen profesional, confiable y les cuentas tu deseo de trasladar tus productos financieros a ese nuevo banco, aumentarás en un alto porcentaje las posibilidades de conseguir mejores términos.

En la escuela y en la universidad nos califican con letras o con números. En mi caso era sobre un 10 en el colegio y después sobre 5 en la universidad. Hay otras instituciones educativas donde lo hacen con A, B, C y Deficiente. En los bancos también tenemos nuestra propia hoja de calificaciones. La diferencia es que cuando somos adultos, las calificaciones del colegio o de la universidad no importan. A los bancos les da igual. Te imaginas presentándote ante un gerente de banco y diciéndole: "quiero comprar una propiedad de inversión y necesito un crédito hipotecario, acá están mis notas del colegio, 4.5 en Geografía, 4 en Matemáticas y 5 en Biología". Creo que el empleado bancario podría tener un ataque de risa, ¿estás de acuerdo?

Lo que mirarán son tus estados financieros, que son dos: tus resultados anuales (P&G por pérdidas y ganancias) que habla de cuánto ganas, cuánto gastas y tu balance o patrimonio (lo que tienes menos lo que debes). El banco te calificará con un número que les dice a ellos qué tanto riesgo implica prestarte dinero y también a qué le pueden echar mano en caso de que no pagues.

Dependiendo de eso, decidirán primero si prestarte o no, y segundo, en qué términos. De esto dependerán cosas como el interés al que te presten (entre mayor sea el riesgo que represente, más altos serán los intereses del préstamo), el tiempo por el que te prestarán (que depende de tu edad y de la solidez que proyecte tu actividad económica), el monto que te prestarán (según el valor actual que dé la vivienda en la tasación), que puede ir desde el 100% del crédito que traes e incluso ofrecerte más dinero, por ejemplo un 25% más, como te comenté que nos ocurrió a nosotros, porque la propiedad había subido de precio.

Una vez establezcas contacto con tres bancos además del tuyo, debes hacer una carpeta de documentos que pueda comprobar tu solidez financiera para ser atractivo para el banco. Ten en cuenta lo siguiente, los bancos van a analizar varias cosas: la estabilidad de tus ingresos, tus activos, tu flujo de caja y tus otras deudas. Estudiarán algo que se llama tu capacidad de endeudamiento, lo que quiere decir que mirarán tus ingresos totales (tuyos o tuyo más la de alguien más si el crédito fuera tomado por dos personas) y normalmente calcularán el 40% (puede variar de un país a otro). Las cuotas de créditos que pagas mensualmente no deben superar esa cifra del 40%. Si por ejemplo ganan 5.000 al mes entre tú y tu pareja, máximo tienes un cupo de endeudamiento de 2.000. Si ya estás pagando un coche financiado por 500 y tarjetas de crédito por 200, quiere decir que máximo te prestarán una cantidad que arroje una cuota de 1.300 al mes. También el banco mirará tu edad para calcular a cuánto tiempo te presta. Hay países donde los bancos buscan que la última cuota la pagues a los 75 años, como en España. Otros buscan otra edad, según la expectativa de vida y edad de jubilación promedio.

Piensa en todo esto cuando le pases la documentación al banco y asegúrate de que estés presentando algo que te haga atractivo ante ellos. Si no lo puedes hacer, tal vez tengas que buscar un codeudor que sí sea atractivo para ellos o generar más ingresos por medio de un emprendimiento low-cost y presentarte de nuevo más adelante. Normalmente revisan los movimientos del último año, así que si no estás preparado, en 12 meses podrás hacerlo de nuevo. En todo caso, en últimas, como estamos hablando de un crédito que ya tienes y no una solicitud de un nuevo crédito, sin importar los documentos que consigas, presenta la solicitud, pues no hay nada qué perder.

Después de armar lo mejor posible tu carpeta de documentos, preséntala al banco y espera una respuesta. Elabora una tabla en la que puedas visualizar los términos y condiciones que te están dando, y compárala con tus condiciones actuales. Veamos un ejemplo de un crédito hipotecario de 200.000 y digamos que se ve así:

Banco	Interés	Plazo	Cuota mes
Actual	5%	20	1.314,43
x	3%	30	841,11
y	2,50%	10	1.881,48
z	4%	30	951,66

Debes tener en cuenta varias cosas en tu comparación, sobre todo el interés y la cuota con la que quedarías. Por supuesto que es mejor un interés más bajo, pero el plazo es importante, pues por ejemplo en este caso el interés más bajo (del banco Y) significa la cuota más alta por el corto plazo que te otorgan. También debes pedir datos de los costos adicionales que te puede representar obtener ese interés, pues los bancos suelen dar unos descuentos en el interés si sacas con ellos el seguro de la propiedad, seguros de vida y tarjetas de crédito entre otros.

Cuenta además con los costos que tendrías si terminas tu crédito con el banco actual antes de tiempo. En el pasado era común encontrar cláusulas que penalizaban esos pagos anticipados. Ten en cuenta también los costos en que tendrás que incurrir por cambiar de banco, tales como notaría y impuestos, como actos jurídicos documentados.

Con toda esa información, el último paso es ir a tu banco actual y decirles que estás considerando irte a otro banco, cancelar las cuentas y productos con ellos pues te están ofreciendo mejores condiciones y refinanciación en otro banco. Pregúntales qué pueden ofrecerte para que te quedes con ellos. Casi siempre te dirán que se lo pensarán y es posible que tengas que aportar documentación también para hacer un estudio, pero como ya la tienes en tu carpeta, no pasa nada, será muy rápido el proceso.

Ahora tienes cuatro propuestas y sobre el papel verás mejoras en tu cashflow mensual. Con ese cashflow mensual podrás comenzar tu camino hacia la libertad, primero liberándote de las deudas malas con intereses altos, después creando un colchón de seguridad, luego cancelando todas las deudas malas y al mismo tiempo, creando un ahorro que se convierta en inversión. Aunque existen muchas formas de mejorar tu flujo desde hoy, esta puede ser la más potente, pues no solo suelen liberarse cifras importantes de cashflow, sino que además no te implica ni siquiera apretarte el cinturón, ni modificar tu estilo de vida actual. Es inteligencia financiera en acción al máximo poder.

Si tu banco actual no es capaz de ofrecerte buenas condiciones, no te preocupes en llamarlos y darles el "ácido": ha sido un placer conocerlos. Tu nueva identidad ya no va con ese banco que solo quiere imponerte condiciones y tomar ventaja de ti. Eso sí, al hacer el cambio asegúrate de leer y entender a la perfección los costos relacionados al cambio y la letra pequeña, tanto de tu banco actual como del futuro, no permitas que te engañen y si la decisión te agobia, siempre puedes pedir la opinión de un profesional. Esto último puede ahorrarte mucho dinero y dolores de cabeza. Entre más tiempo pasamos en el mundo de los negocios, más nos damos cuenta de lo importante que es contar con un buen equipo, con el que puedas consultar los diferentes temas. Antes lo veíamos como un costo innecesario, ahora lo vemos como un ahorro importante hacia el futuro y una inversión en tranquilidad, pues te ahorrará muchos dolores de cabeza y no estarás solo enfrentando los retos de los negocios.

Lo descrito en este capítulo puedes aplicarlo para cualquier clase de crédito, y si tienes varios, verás cómo puedes liberar mucho dinero mensual en el proceso. ¡Bienvenido el cashflow! Lo más importante será tu **ACTITUD**. Recuerda, nunca más soportarás bullying financiero. Tienes un plan y estás buscando a los que te ayuden a cumplirlo. Al resto no los quieres como socios de negocios.

MONETIZA TU CONSUMO:

¡APRÓPIATE DEL DINERO "DE TODOS MODOS"!

H ace varios años conocí un concepto brutal que me impactó profundamente. En ese momento lo llamaban "la mina de oro en el hogar" o "Household Gold" en inglés; hay un libro del Dr Steve W Price y videos en internet que llevan ese mismo nombre. Los acompañaba la leyenda *¿Cómo convertir los gastos del hogar en ingresos del hogar y llegar a ser dueño de tu propia vida en el proceso?* Lo que plantea es muy sencillo pero revolucionario, eso sí, se requiere sentido común para ver el enorme potencial que tiene. Se trata de aprovechar los nuevos sistemas de distribución que descartan los anticuados de la era industrial. Lo curioso es que, para ese entonces, en el 2003, cuando lo escribieron, no existía la tecnología ni las plataformas que existen hoy y aun así podía aprovecharse de una manera potente. Mucho menos existían los modelos de la llamada *"economía colaborativa"* de los cuales hablaremos más adelante. Entendimos el concepto desde el inicio y podemos decir hoy que ha sido fuente de miles y decenas de miles de dólares a través de los años, no solo sin desmejorar nuestra vida sino que con un aumento en su calidad, haciéndonos a mejores productos y servicios de una manera más divertida y práctica.

Hablemos del concepto de la mina de oro en el hogar, pero más allá, hablemos de cómo aplica hoy en día con las nuevas tecnologías, pues con ellas se hace no solo conveniente comprar de esa forma sino además más cómodo y divertido. Hoy en día, con todo lo que tenemos disponible en la palma de la mano con nuestro teléfono móvil, podemos hablar de algo aún más potente, que es la *"Monetización del consumo"*. Está en tendencia la palabra monetizar. Monetizar tus videos, tus redes, tus ideas, tu talento. Acá monetizaremos tu consumo. La idea es la siguiente: todos los días tú y los miembros de tu familia usan montones de productos de diferente tipo y la ganancia de esos productos se queda en unos pocos integrantes de una cadena de distribución tradicional. Con los sistemas modernos de distribución, tales como las compras a través de apps, podríamos participar de ese ciclo económico en vez de solo contribuir. De esta forma, nos quedaremos con parte del beneficio que de otra manera fluye a terceros y que en el tiempo, puede significar la acumulación de enormes cifras de dinero.

Imagina que en la típica cadena de distribución anticuada de la era industrial, en la que tú vas a comprar a un supermercado, los productos que compras salen de algún lugar del mundo, por ejemplo de la China y para llegar a tu casa atraviesa el mundo entero. Muchas manos se involucran en ese proceso, representantes globales, continentales, de países, regiones, localidades, ciudades y barrios. Todos estos individuos tienen enormes gastos y ganan dinero. Gastos de almacenaje, transporte, nóminas, impuestos, seguros y costos operativos enormes. ¿Quién crees que termina pagando por todo eso? Así es… tu y yo como consumidores. Si le sumamos además la inversión que hacen las marcas y los supermercados en marketing y publicidad tradicional, la cifra se eleva de una manera exorbitante. En promedio, en la cadena de distribución, el marketing y la publicidad, se queda entre un 70 y un 80% del dinero. Desde luego hoy existe Amazon y otros sistemas de distribución que eliminan intermediarios, por eso podemos comprar más barato, pero en los productos de consumo masivo, que es de lo que estamos hablando, no varía mucho el precio y el cliente sigue sin recibir nada a cambio de su fidelidad.

El concepto de la mina de Oro en el hogar es un excelente ejemplo, comparado con el mercado inmobiliario. Cuando vives en alquiler, puedes estar pagando el canon de arrendamiento año tras año y después de 30 años no tendrás nada. En cambio, cuando compras tu casa con una hipoteca, de lo que pagas mensualmente hay una porción que va al capital de la propiedad, es decir, es tuyo. Después de 30 años tendrás tu casa. Es decir… si "de todos modos" tienes que vivir en algún lugar y pagar por ello, ¿por qué no hacerlo de una forma en que a ti te quede algo si tienes la posibilidad?

Este concepto es válido sobre todo en los países donde los intereses de la compra de vivienda son muy bajos y aplica para propiedades comunes, no de lujo, pues lo que hemos encontrado es que en las propiedades de lujo el alquiler que pagas es muy poco con relación al valor de la propiedad y en esos casos es mejor no comprar. Por ejemplo, en España, en muchos casos una propiedad de 1 millón de euros, se puede conseguir en alquiler por 2500 al mes. Sin saber mucho de inversión, le podrías sacar a ese millón un 6%, que son 5.000 al mes, dejándote lo suficiente para pagar el alquiler y otra suma igual de grande para gastar en lo que quieras.

Sin embargo, en las propiedades de gama media y baja, si consigues intereses bajos, del 5% o menos, lo que plantea la mina de oro en el hogar es válido y es más favorable que compres tu casa a que vivas en alquiler. También es válido si eres de esas personas a las que no se les puede confiar dinero porque lo desaparecen como por arte de magia. De esta manera, pagar tu hipoteca es una forma de "obligarte" a ahorrar y al menos tendrás tu casa. Son consejos para personas con baja inteligencia financiera, que son la mayoría. Esperamos que a través de la labor de **@coach_financiero** muchos más despierten y aumenten su inteligencia financiera, pudiendo tomar mejores decisiones.

En la mina de oro en el hogar, hacen entonces un paralelo con los gastos del hogar. De cada producto que compras para tu hogar, hay una porción significativa que es la ganancia de esa cadena de intermediación y publicidad de la que ya hablamos. ¿Qué pasa si aprendes a comprar directamente al fabricante de una forma inteligente, a través de apps y tecnología, y entonces, ese dinero que es la ganancia, mes a mes se quede en tu bolsillo y así mejores tu cashflow, que es el propósito de este libro? Puesto que vas a consumir toda tu vida, puedes acumular una fortuna solo con este concepto. Solo *monetizando tu consumo*. Vamos a analizarlo a fondo en este capítulo.

Existen compañías que desde hace muchos años se dedican a este tipo de marketing disruptivo llamado *"network marketing"* y que priorizan al cliente incentivándolo con dinero y beneficios reales, tales como ahorro por la concentración de los productos y mayor calidad, aparte de descuentos por volumen y beneficios mensuales por ampliar la base de compradores, por medio de generar redes de consumo y marketing. Es un negocio redondo gana-gana, pues al poder prescindir de ese 70% del dinero que antes quedaba en intermediación y publicidad y aprovechar la publicidad voz a voz, hoy potencializada de manera exponencial con las redes sociales, también estas compañías disponen de mucho más dinero para invertir en avances científicos, investigación y desarrollo.

Sus productos suelen ser desarrollados con tecnología de vanguardia, respetuosos del medio ambiente y éticos, evitando, por ejemplo, pruebas en animales, hacen buen uso de los suelos y ofrecen dignas condiciones a sus empleados. Al librar los enormes costos que implicaba para estas empresas el modelo tradicional de distribución y publicidad, rescatan presupuestos que pueden invertirse en ciencia y buenas prácticas.

Es posible que hayas oído acerca de este tipo de empresas y hayas recibido comentarios negativos. Debemos decir que es verdad que hay muchas empresas que dicen ser de la industria del Network Marketing y son pirámides disfrazadas y sistemas fraudulentos, muchas veces con productos dudosos. El éxito de esta industria ha hecho que inescrupulosos se aprovechen de su reputación y quieran cobijarse bajo su sombrilla para impulsar sus esquemas fraudulentos. Este tipo de estafas suceden en todas las industrias; en ocasiones, en la bolsa y en los productos financieros, ofrecen "inversiones" falsas, disfrazándolas de productos financieros sofisticados, cuando en realidad son pirámides y robos. Esto ha sucedido una y otra vez en la historia y no por eso debe descartarse una industria. Más bien, hay que aprender de ello para separar lo que es real de lo que no, y desarrollar criterio para evaluar oportunidades de negocios e inversiones. Con investigación e información, puede tomarse una buena decisión y escoger una buena compañía con la que no tengas desagradables sorpresas más adelante.

Debes comprobar la solidez de la empresa antes de asociarte con alguna y sobre todo los productos deben hacerte sentido. Datos como cuánto tiempo lleva en el mercado, la alta calidad de sus productos y el hecho de que cuenten con garantía de satisfacción, son importantes. La mayoría de las empresas que no subsisten mucho tiempo, son un fraude financiero o se basan en productos sospechosos y que normalmente nadie compraría; Es decir, que la empresa que escoges, esté fundamentada en el consumo de productos que tú, como dice el título de este capítulo, comprarías "de todos modos" en algún lugar.

Estas empresas sólidas hacen parte de las asociaciones gubernamentales en los diferentes países, suelen distinguirse por su aporte social y participación en el mundo empresarial y comunitario.

Algunos de estos pioneros sólidos de la industria, han experimentado además un enorme crecimiento global y ofrecen a sus socios y clientes una gama inmensa de productos de diferentes líneas, tales como cuidado personal, cuidado del hogar, salud, nutrición, fitness, cuidado de la piel, maquillaje, alimentos, bebidas, agua, tecnología del hogar y servicios; la lista es impresionante.

Vamos a suponer una familia de cuatro integrantes para la que vamos a hacer un pequeño listado numerado de productos básicos y comunes que la mayoría usamos a diario, solo para ilustrar lo que estamos hablando:

Cuidado Personal

1. Crema de dientes
2. Cepillo de dientes
3. Enjuague bucal
4. Hilo dental
5. Jabón de manos
6. Jabón para el cuerpo
7. Shampoo
8. Acondicionador
9. Gel de afeitar (espuma)
10. Cuchillas
11. Loción para después del afeitado
12. Limpiadora para la cara
13. Tónico
14. Humectante facial
15. Contorno de ojos

16. Bloqueador solar
17. Gel fijador pelo

Cocina

18. Jabón para lavar platos
19. Desengrasante
20. Esponjillas
21. Jabón para máquina lavaplatos
22. Limpiador de horno

Limpieza

23. Limpiador de piso
24. Limpiador de baño
25. Limpiador de vidrios
26. Desinfectante
27. Limpiador Sanitarios

Lavandería

28. Jabón para lavar ropa
29. Desmanchador (lejía)
30. Suavizante para la ropa

Maquillaje

31. Base líquida
32. Polvos
33. Sombras de ojos
34. Corrector

35. Pestañina (rímel)
36. Delineador
37. Lápiz cejas
38. Labial

Fitness y Suplementos Nutricionales

39. Multivitamínico
40. Omega 3
41. Vitamina C
42. Calcio
43. Proteína vegetal
44. Bebidas energizantes
45. Fitness: pre-entreno, CLA 500, Rodhiola, magnesio
46. Multivitamínico niños
47. Vitamina C niños

Calcula además de cuántos de estos productos tienes más de una unidad en tu casa, como por ejemplo pasta dental y jabón; tienes tantas unidades como número de baños tengas en la casa. La idea es hacer consciencia sobre el inmenso monto que en una vida dedicamos a este tipo de productos. Si solamente gastas 100 dólares al mes en estos productos, suman 1200 al año. Si vives 80 años, son 96.000. Imagina que de ese monto pudieras quedarte con un porcentaje del 50% entre el ahorro que pueden darte esos productos al ser concentrados y de mayor calidad y los descuentos que tienes al ser socio. ¿Recuerdas el interés compuesto? Con esos 50 dólares de ahorro al mes, que permanecerán o regresarán a tu bolsillo, ¡ya tienes medio millón de dólares en el tiempo en tu fondo de libertad!

Mira la primera tabla del capítulo de interés compuesto y pregúntate ¿cuál fue el sacrificio que hiciste? ¡Ninguno!… simplemente estás comprando de una forma más inteligente. *Estás monetizando tu consumo.* Ahora has el ejercicio con más dinero, asumiendo que en tu casa sean más o consumas otras líneas de productos adicionales. ¿A cuánto puedes incrementar el ahorro? ¿100 al mes? ¿200? Por un momento regresa al capítulo de interés compuesto y mira las maravillas que puedes hacer con ese flujo "de todos modos". Son semillas de una fortuna, de tu fortuna personal.

Algo que me llamaba mucho la atención cuando viajaba a Estados Unidos de niño a jugar tenis, es que muchas veces encontraba una fila larguísima para cualquier cosa, por ejemplo, para un restaurante buffet, y al lado había otro corredor donde nadie hacía fila. Como era niño e inocente me iba a donde no había fila y me encontraba, para mi fortuna, con que muchas veces también estaban abiertas y ofrecían lo mismo. Con el tiempo me di cuenta de que la mayoría de las personas siguen un sistema sin cuestionar, siendo influidos porque otros lo hacen, aun habiendo delante de sus narices una mejor opción.

A la gente le da mucho miedo el qué dirán y no quieren quedar en ridículo yendo a una fila que creen que está cerrada porque asumen que "no se puede por ahí". Los acompañan frases como "si fuera cierto todo el mundo lo haría". En la medida en que crecemos y nos convertimos en adultos, más fácil nos invade el fantasma del "qué dirán". Dejamos de cuestionar el sistema en el que vivimos y nos sometemos "a lo que hay". Lo peor es que ni siquiera preguntamos. Yo aprendí que siempre hay que preguntar y que lo peor que puede pasar es que me digan que no. ¡No pasa nada! Y si a alguien le parece que eso es razón para criticar, pues eso habla peor del que critica que del criticado, como en la mayoría de los casos.

Atrévete siempre a encarar las cosas con un pensamiento diferente. ¿Te da miedo algo? El miedo es ausencia de datos. Has las preguntas que tengas que hacer para superar el miedo. Empieza pequeño de tal manera que si pierdes no pierdas gran cosa. Igual siempre ganarás experiencia.

El objetivo de este libro es darte herramientas para que prosperes. Como lo hemos repetido muchas veces, porque la repetición es la madre de las habilidades, la clave está en que tengas un cashflow positivo que puedas destinar a pagar deudas, asegurar tu futuro e ir por tu libertad financiera. Desde nuestra experiencia, te recomendamos estos sistemas de compra directa al fabricante, pues pueden darte un cashflow inmediato *monetizando tu consumo*. Eso sí, ten consciencia de cuánto estás ahorrando y separa ese dinero. Si antes gastabas 150 al mes en esos productos y ahora gastas 100, no subas tus gastos, toma esos 50, sepáralos y destínalos a tu plan de libertad, pues debemos admitir que muchas veces las personas mejoran su cashflow por medio de la *monetización de su consumo*, pero esa cifra no la perciben porque aumentan sus gastos en otras cosas, generalmente innecesarias. El tener la disciplina de separar los flujos de dinero que vas liberando con las prácticas que estás aprendiendo, también es indicador de que estás elevando tu inteligencia financiera.

ECONOMÍA COLABORATIVA

¡No es tener, es el beneficio o la experiencia!

Las aplicaciones de economía colaborativa para el teléfono móvil están acá para quedarse. La vida nunca volverá a ser igual. Hoy tenemos aplicaciones para todo. Las nuevas generaciones han descubierto que no es necesario tener y que de hecho en muchos casos, es un dolor de cabeza. ¿Para qué tener una patineta, una bici, una moto o un automóvil, si existen aplicaciones con las que puedes tener acceso a ellas para lo que las necesitas, sin correr con los gastos de mantenimiento, impuestos y parking? El dinero que puedes ahorrar es significativo.

Vámonos a un ejemplo muy básico: cuando compras un taladro, lo que quieres no es el taladro sino el hueco que hace el taladro en la pared. Pregúntate muy sinceramente ¿cada cuánto usas un taladro? ¿Y si tenemos acceso a una app que nos ubica con GPS a los vecinos que poseen un taladro y que están dispuestos a prestártelo por una simbólica donación de 1 dólar al día, preferirías esa opción a comprarlo? Pues ese día puedes hacer todos los huecos que necesitas, te ahorras la compra del taladro y le ahorras al planeta la fabricación de otra cosa más, con las consecuencias ambientales que esto trae. Puedes aplicar esta fórmula o una parecida a muchas cosas: bicicletas, música, patinetas eléctricas, motos ¡y la lista asciende cada día!

¿Para qué tener una casa de vacaciones si hay aplicaciones con las que puedes disfrutar la experiencia de estar donde quieras por el tiempo que quieras? ¿Sabes que puedes alquilar hasta un castillo medieval en los viñedos de la toscana? Puedes ir con 12 amigos y les sale a menos de 50€ la noche, dependiendo de la época en que vayas. Ahora... ¿te imaginas ser dueño de ese castillo? ¿Cuánto habría que pagar en mantenimiento, impuestos, empleados? Una locura... Te apuesto que los dueños rara vez lo usan.

Dicen que solo hay dos días felices para alguien que compra un barco. El día que lo compra y el día que lo vende, ¡el resto es un infierno! Los gastos de mantenimiento y los dolores de cabeza que ocasiona por las constantes reparaciones hacen que sea no solo muy caro, sino muy dispendioso, haciendo que el tiempo en que disfrutas de él, sea poco comparado con el que pasas preocupado y arreglándolo. Esto se llama costo/beneficio. ¿Te gustaría tener todo el beneficio sin el costo? Pues si te gusta navegar, a menos de que lo hagas todo el tiempo, ¿qué tal alquilar el barco cuando quieras hacerlo?

Recuerdo una vez que compramos una moto de agua o wave runner como se conoce en inglés. La teníamos en una casa que tenía un lago comunitario a 3 horas de la ciudad. Íbamos con suerte una vez al mes, un fin de semana. Pasábamos todo el sábado en la mañana intentando que encendiera, pues por el poco uso, vivía con problemas de encendido. En el mejor de los casos, después de un par de horas, lográbamos que encendiera o de lo contrario teníamos que llevarla a reparación. Muchas veces no podíamos usarla en todo el fin de semana, mientras observábamos que en el mismo club del lago comunitario, había motos acuáticas en alquiler. Un día nos cansamos de poseer ese hermoso y desafortunado juguete de lujo y no porque nos dejara de gustar la experiencia de ir saltando por el agua a toda velocidad o el esquí acuático, sino porque podíamos seguir haciéndolo, sin ser los dueños del vehículo. En este ejemplo particular queremos evidenciar que el costo/beneficio no era positivo. Podíamos seguir teniendo el beneficio sin el costo, lo cual es más atractivo.

Una amiga querida muy exitosa y muy adinerada nos oyó alguna vez hablando de este tema y se sintió identificada. Nos contó cómo tenía una casa de playa en España, mientras ella vivía en México; iba a su casa una o dos veces al año por un mes y cada vez que llegaba, pasaba unos 10 días haciendo arreglos a la casa. Por estar ubicada en el frente marítimo, encontraba óxido en muchas partes, aires acondicionados dañados, electrodomésticos con necesidad de mantenimiento, ventanas y puertas que ya no abrían correctamente, persianas bloqueadas y ni hablar del exterior. Terminaba tan cansada de hacer esos arreglos que solo quería descansar, pero ya le quedaba casi la mitad del tiempo que había destinado para disfrutar de su casa. Un día decidió venderla y más bien alquilar propiedades de lujo en los diferentes portales. Así puede disfrutar desde el día uno y lo que se ahorra en mantenimientos, impuestos y servicios es más de lo que le cuesta al año ese mes de relax en el mediterráneo. Esto sin contar la cuota de hipoteca que en su caso no existía y el dinero de la propiedad recuperado y liberado para invertir en otro lugar.

Hoy puedes vivir lo mejor de este mundo sin necesidad de comprarlo, y eso tiene un beneficio muy interesante en lo que respecta a este libro, pues es una liberación de cashflow impresionante. Piensa en cuántas cosas tienes que no necesitas y que podrías sustituir con una app de economía colaborativa. Vende esas cosas innecesarias y calcula cuánto te ahorraras en seguros, impuestos y mantenimiento. Ahora suma esa cifra al cálculo de tu **CASHFLOW** mensual. ¡Cada vez se acumula más y más y estás creando un tsunami de libertad!

FLUJO LIBERTADOR: DETOX DE LAS DEUDAS MALAS

Si es la primera vez que ves el término "deudas malas", seguro llamó tu atención. La mayoría dan por descontado que todas las deudas son malas, por el tipo de sentimientos que despiertan en los demás. Déjame decirte que la deuda puede ser buena o mala y es muy fácil clasificarlas. Pregúntate, ¿quién está pagando la deuda? Si eres tú, es mala, si es otro… es buena. Por ejemplo, si es un coche de tu uso personal o tu vivienda, es deuda mala, porque lo pagas tu. Si por el contrario es una propiedad de inversión por la que un inquilino te paga alquiler y ese alquiler cubre la deuda y te deja algo, es deuda buena, pues la paga otro. De la misma forma, si es un automóvil que destinas para alquiler en cualquier forma, directo o por ejemplo para beneficiarse con aplicaciones de economía colaborativa, y lo que recaudas es mayor a lo que pagas de deuda, sin duda es deuda buena. Así que no le tengas miedo a la deuda buena, eso sí, empieza con deudas pequeñas y controladas en las que estés seguro de que se pagarán solas.

Las deudas malas son un cáncer que empieza a aparecer en la vida de las personas en diferentes momentos. Liberarnos de ellas es uno de los detox financieros más importantes que podemos hacer. Bien sea por un tema de vivienda, como una hipoteca, un automóvil, electrodomésticos, tecnología o unas vacaciones inolvidables (inolvidables porque la tarjeta de crédito te las recuerda todos los meses), se empiezan a acumular deudas e intereses de una forma desordenada. Esto genera enormes cuotas y muchas veces también costos desconocidos, como son los seguros asociados a la deuda, gastos de manejo o de tarjeta de crédito, comisiones de apertura, modificación de cuotas y otros que los bancos mantienen ocultos.

Esto es algo que nos pasa a todos. En nuestro caso, años atrás comenzamos a acumular deudas de automóviles, tarjetas de crédito, créditos de consumo y demás. No teníamos ni idea cuál era el interés que pagábamos en cada una, tampoco teníamos muy claros los plazos y cómo eran las amortizaciones. ¿Cuánto de lo que pagábamos iba a cubrir intereses y cuánto a capital o principal? Tampoco lo sabíamos. La verdad es que la mayoría de nosotros preferimos no destapar la olla de las deudas y ver qué se está cocinando porque sabemos que no nos gustará lo que encontremos. Entonces tomamos un camino equivocado, que es evitar pensar en ello porque nos daña nuestro estado emocional y dejamos pasar el tiempo esperando que, de manera ilusa, se resuelva sola la situación, lo que solo la empeora. En la vida hay que ser positivo, pero eso no quiere decir evitar la realidad, como dice Tony Robbins, ser positivo no se trata de ir al jardín y decir "no hay maleza, no hay maleza, no hay maleza" se trata de ir al jardín, ¡tomar esa maleza y arrancarla de raíz! Así es que se mejora la vida y eso es lo que haremos con las deudas malas, ¡eliminarlas pues son maleza que pueden dañar todo lo demás de tu vida!

En la reorganización de esas deudas hay un potencial inmenso para liberar cashflow y poder empezar a ahorrar e invertir. En este capítulo aprenderás cómo reorganizar las prioridades de las deudas malas y comenzar a pagarlas con un sistema. El flujo que irás liberando después de pagar la primera, acelerará la velocidad con la que pagas la segunda y se convertirá en un **"FLUJO LIBERTADOR"**, que, como los grandes libertadores de América, comenzaron liberando un país pero terminaron liberando muchos otros, pues con cada país liberado sus ejércitos crecían y así impactaron otros lugares del continente, habiendo creado un momentum de libertad. De la misma manera, tu **FLUJO LIBERTADOR** se irá intensificando y ganando momentum. Después, con la liberación de la primera y segunda deuda irás por la tercera, y así, hasta terminar. Entonces podrás redirigir ese **FLUJO LIBERTADOR**, que antes se te iba por los escapes de las deudas, hacia tus objetivos y hacia tu futuro armonioso y brillante.

¿Estás preparado? Vamos a atacarlas ahora mismo. Lo primero que debes hacer es organizar tus deudas en un listado (las de tu hogar, debes incluir las de tu pareja). Usa una hoja de cálculo electrónica o escribe en un papel todas las deudas que tienes, no importa cuánto ni con quien. Me imagino que, si eres como la mayoría de las personas, esta lista incluirá hipoteca, deuda del automóvil, deuda de consumo, tarjetas de crédito, estas ponlas cada una por separado, la Visa, la Mastercard, la de la tienda y la que olvidaste que tenías y está guardada en algún cajón. La deuda con tus padres, familiares o amigos, también deben ir en el listado. Asegúrate de que estén ahí todas, el 100% de las deudas y también de que tienes toda la información. Algunas veces te tocará llamar al banco o a quien te prestó y aclarar los intereses, pues nos hemos encontrado que muchas personas no saben cuánto están pagando. También debes poner una columna en tu listado que incluya los costos asociados mensuales, como, por ejemplo, seguros, cuotas de mantenimiento de tarjetas, etc.

Lo segundo que harás es poner al lado el monto que debes al día de hoy, la cuota que pagas mensualmente y el interés anual que están cobrándote. Cuando termines, puede ser que se vea algo así como esto y estarás pagando por ejemplo unos 2600 mensuales, ¡con razón no te queda para ahorrar!:

A Quién	Cuánto	Años faltantes	Qué interés pago	Cuota mensual	Otros Costos	Total Mes
Hipoteca	200.000	27	4%	1000	50	1050
Tía Maruja	3000	2	0%	125	0	125
Automóvil	25000	5	7,95%	506	40	546
TC Visa	6000	2	19%	219	10	229
TC Master	3000	2	30% (en mora)	255	15	270
Papás	40000	10	0%	333	0	333
Tienda (tv)	600	2	20%	30		30
Celular	800	2	20%	40		40

Ahora que las tienes todas, el segundo paso es reorganizarlas por prioridad. En este método, el criterio de organización de las deudas es el interés que estás pagando. De esta manera, pondrás en primer lugar el crédito que tiene el interés más alto. ¿Por qué? Porque el interés es el costo del crédito. Es la cantidad de tu dinero que se lleva otro. A mayor interés, más trabajo estás haciendo para otros. A menor interés, más de lo que pagas es para ti, para el capital o principal. A mayor interés, lo que pagas va a alimentar las cuentas de los dueños de los bancos. ¡Imagínate trabajando duro todos los meses y pagándole la nueva piscina y el viaje en jet privado a los dueños de los bancos! ¿Ya ves por qué hay que pagar primero los de mayor interés?

Esta metodología es la que recomienda Kiyosaki y es la que nosotros hemos aplicado en nuestra experiencia personal para salir por siempre de deudas malas. Algunos autores recomiendan pagar primero las deudas más pequeñas para que te sientas poderoso habiendo pagado ya una de las deudas. Es verdad que es lo que tal vez recomendaríamos a un niño o a un adicto a las compras, pensando en que pueda recaer, para que, al menos durante el tiempo que se aplica, pueda saldar alguna de sus deudas. Sin embargo, estamos aspirando a una versión mejorada de ti, que tengas la consciencia para evaluar esto como un cambio de vida y a través de un cambio de valores, nunca más te permitas caer en patrones destructivos para tus finanzas y en últimas para tu vida. Nosotros creemos que eres capaz de manejar tu inteligencia emocional, de ver una pantalla más amplia y aparte de la pequeña satisfacción de salir de esa pequeña deuda, en el largo plazo, es más importante desarrollar una consciencia y un plan de vida en que te hará mucho más bien parar el desangre de tus finanzas.

Para nuestra tabla, la reorganización la dejaría así:

A Quién	Cuánto	Años faltantes	Qué interés pago	Cuota mensual	Otros Costos	Total Mes
TC Master	3000	2	30% (en mora)	255	15	270
Tienda (tv)	600	2	20%	30		30
Celular	800	2	20%	40		40
TC Visa	6000	3	19%	219	10	229
Automóvil	25000	5	7,95%	506	40	546
Hipoteca	200.000	27	4%	1000	50	1050
Tía Maruja	3000	2	0%	125	0	125
Papás	40000	10	0%	333	0	333

Una vez tienes tu tabla reorganizada entonces vamos al plan de ataque. Consiste en ir eliminando sistemáticamente primero las deudas en que pagas mayor interés, así liberarás el flujo que antes se te iba pagando esa deuda y podrás atacar la segunda con más fuerza, la tercera aún más, hasta que crees un tsunami de flujo, que irá limpiando tu listado de forma masiva. En nuestro ejemplo, primero hay que pagar la tarjeta de crédito Master que está en mora. Nos cuesta un 30% de mora y 270 al mes entre la cuota y los costos. La estrategia es la siguiente: de las deudas que están entre el segundo lugar y el último, vas a pagar la cuota mínima permitida para seguir al día. En la primera vas a pagar lo máximo posible y vas a asegurarte de que lo estás haciendo con aportes al capital. No vas a pagar el mínimo en esa primera deuda, vas a pagar lo que más puedas. Por ejemplo, tienes una cuota mensual de 255, pues vas a pagar 500, 700 o 1000; lo que más puedas, en esa primera deuda del listado. ¿De dónde vas a sacar el dinero? ¿El flujo para hacer esto? Pues de todo lo que estás aprendiendo en este libro, bien sea del ahorro que tendrás en la *monetización de tu consumo*, servicios, generación de ingresos adicionales por medio del emprendimiento low-cost o de la reestructuración de deudas. Esa inyección de flujo nuevo con el que no contabas antes de aplicar todo lo que estás aprendiendo, bien sea bajando gastos o subiendo ingresos, va a atacar antes que nada el cáncer de las deudas malas, erradicándolas de tu vida por siempre y dándote tu libertad, por eso se llama *FLUJO LIBERTADOR*, pues primero te liberará de deudas y después te dará tu libertad financiera.

Vamos a suponer que, de aplicar las múltiples estrategias del libro, liberaste 500 dólares o euros adicionales al mes con los que comenzará tu ejército de *FLUJO LIBERTADOR*. Eso quiere decir que, en vez de dos años, podrás saldar tu deuda de la master en los próximos meses, pues ya no aportarás la mínima de 255 sino 755 al mes. Asumiendo que de los 255 estaban siendo destinados solo 100 al aporte de capital y 155 al interés, en cuestión de 5 meses podrás erradicar esta deuda: 100 + 500 (extra al mes) = 600 * 5 meses = 3000. ¡Habrás liquidado este cáncer en unos mesecitos en vez de cargar con él por dos años!

¿Qué hacemos ahora? ¡Vamos por el segundo! En nuestro caso, es ese TV que compraste a plazos en la tienda electrónica. Mira lo interesante que ocurrirá ahora, al haberte librado del crédito número 1, no solo tendrás los 500 adicionales con los que comenzaste, tendrás también los 255 que tenías como pago mínimo de la TC Master. Ah, y ¡viene con bonificación!, pues además vas a cancelar esa tarjeta y te liberarás del cargo fijo de mantenimiento de 15 dólares/euros al mes. Tu **FLUJO LIBERTADOR** creció a 770 y podrás inyectarlos a los 30 que ya pagabas en ese crédito. Es decir, dispondrás de 800 para pagar esta deuda que solo es de 600. Podrás no solo liberarte en un mes de este otro crédito, sino que te sobrará dinero (200) para pagar también el teléfono celular de la deuda 3. Liberamos ahora 30 adicionales que pagabas mes a mes del TV, ahora tu **FLUJO LIBERTADOR** va en 800 e inyectándolo a los 40 que pagabas del móvil, ¿adivina qué? Otra deuda que sale por la ventana, en apenas un mes más. Habías bajado tu deuda del celular a 600 y con este pago, al igual que el mes pasado, no solo terminaste de pagarlo, sino que otra vez, te sobró dinero que podrás aplicar al crédito número 4, la Tarjeta Visa. ¿No es emocionante? Apenas llevamos medio año y ya te libraste de 3 tumores de deudas malas. ¡Eso se llama momentum! Es como cuando Daenerys Targaryen liberaba pueblos de esclavos en la aclamada serie Game of Thrones y después todos esos que había liberado se sumaban a su ejército, haciéndolo cada vez más poderoso y dándole el poder de liberar cada vez más naciones.

Podrás hacer mucho más con tu *Flujo Libertador* que ahora está en 840 al mes, resultado de la suma del flujo de 500 que lograste de los ejercicios de liberación de flujo que aprendiste en el libro, sumado a las cuotas que ya no tienes que pagar y a los cargos mensuales que liberaste cancelando estos productos. Esto, sumado a los 219 que ya pagabas de la Visa, son 1059. Asumiendo que, del pago que haces de 219 al mes de esta TC Visa, van 100 destinados al capital, estarás aplicando 940 directo al capital, cada mes. Para el final de tu primer año, esta cuarta y venenosa deuda habrá llegado al fin de sus días y con ella también el cargo fijo que la acompaña.

Ahora analicemos tu panorama un año después de haber comenzado nuestro sistema. ¡El **detox financiero** va muy bien! Has eliminado la mitad de tus deudas. ¿Seguro que duermes más tranquilo no? Lo que es aún mejor, ya no tienes ningún interés mayor que esté carcomiéndote la vida. En el que más pagas tienes un 7,95%, que es bastante razonable. Por otro lado, tienes un *Flujo Libertador* de 1069 al mes, que se ha más que duplicado, comparándolo con los 500 con los que comenzaste. ¡Un 100% de aumento de flujo libertador en un año!

Con tu *Flujo Libertador*, sumado a lo que ya pagabas antes por tu automóvil al mes, podrás destinar 1.600 a esa deuda, de los cuales 1.400 van a amortizar capital. Puedes terminar de pagar la deuda del automóvil en cuestión de un año y cinco meses, en vez de cinco años. Lo más interesante es que podrás ahora dedicar ese fujo o buena parte de él a ahorrar e invertir y a acelerar tu camino a la libertad financiera. A tu tía puedes pagarle y liberarte de esa deuda de inmediato y puedes también aumentar lo que les pagas a tus padres, seguro que les hará feliz ver a sus hijos prosperar.

Puedes tomar la deuda de la hipoteca con más calma. Si le aplicaras todo tu *Flujo Libertador*, la pagarías en menos de 8 años, pero puedes hacer aportes a capital e ir amortizando sin prisa. Dependiendo del país donde vivas, es muy probable que encuentres inversiones más llamativas que te den un interés mayor al que pagas de la hipoteca, así que puede ser mejor para ti mantener esa deuda y simultáneamente ir construyendo tus activos. Es cuestión de números y de inteligencia emocional, como lo vimos cuando analizamos si era mejor pagar deudas o ahorrar e invertir.

Nos falta hablar de algo importante. Si sigues los consejos de este libro, podrás continuar aumentando tus ingresos a medida que desarrollas un emprendimiento low-cost e inviertes y tus emprendimientos e inversiones progresan. Esto hará que dispongas de más *Flujo Libertador* y así puedas cancelar más rápido tus deudas. Existen también, emprendimientos e inversiones en que tendrás bonificaciones, capitalizaciones y premios. Dependiendo de tu nivel de endeudamiento y situación personal, puedes destinar parte o la totalidad de ese dinero para amortizar capital de deudas. Todo esto hará que tu plan para liberarte de las deudas malas a 2, 5 o 10 años, ¡se disminuya a la mitad del tiempo!

Como ves, es posible pagar deudas, es cuestión de método. Ahora lo más importante: **NO RECAER** en ellas. No puedes permitir que después de este excelente trabajo y esfuerzo, permitas que, habiendo dado muerte a tus deudas malas, estas revivan como zombis y te persigan. Sin embargo, si no cambias tus valores ni tu patrón de pensamiento, es muy posible que recaigas y en poco tiempo vuelvas a estar en problemas financieros. Por eso es tan importante cambiar no solo lo que hacemos sino cómo pensamos y quiénes somos. Si pagas tus deudas, pero sigues siendo e identificándote con alguien desordenado y pobre, terminarás cayendo de nuevo en problemas financieros, pues las aguas vuelven siempre a su nivel y el nivel es lo que tú crees de ti mismo, tu autoimagen. Para nosotros fue muy importante entender que, más que un método eficaz para saldar las deudas, primero necesitábamos un cambio de mentalidad. Empezar a valorar más la libertad que el estatus fue crucial. ¿Sabes lo que dicen de la definición de estatus? Estatus es comprar cosas que no necesitas, con dinero que no tienes, para impresionar a personas a las que ni siquiera les importas.

Para nosotros fue vital empezar a dejar atrás el consumismo sin sentido y dominar esas ansias y la necesidad de poseer cosas, entender el valor del dinero en el tiempo y cómo lo que hoy en día destinas a tu libertad financiera será recompensado con creces, o mejor dicho… con interés compuesto. ¿Qué prefieres, pagar una casa y un automóvil mediocre toda la vida o tener un plan con el que, en unos años no tengas que volver a trabajar para nadie si no quieres, pero además de eso tengas acceso a todos los lujos y cosas maravillosas que este mundo tiene para ofrecerte?

Esperamos de corazón que el método acá planteado libere tus finanzas, pero, sobre todo, mejore tu calidad de vida y tu tranquilidad. Definitivamente una vida en la que no tienes que estar estresado por el dinero y por cómo vas a pagar un montón de compromisos, es una vida en que puedes redireccionar la mucha energía que antes dedicabas a eso, a cosas mucho más interesantes, como el emprendimiento o el amor por tu familia. Recuerda que somos Energía y que disponemos de una cantidad de ella. Allí a donde enfocas, la energía fluirá. Todo lo que enfocas tiende a incrementarse en tu vida.

Imagina como si tu cerebro tuviera unos tubos que se conectan a las diferentes cosas o situaciones a las cuales dedicas tus pensamientos. Piensa como si esas situaciones o ideas fueran burbujas que flotan alrededor de tu mente y tú eliges a cuáles les conectas tus tubos mentales por medio de tu enfoque. Ahora imagina que, a través de esos tubos, fluye agua a caudales que empieza a inundar esas burbujas/situaciones, haciéndolas crecer cada vez más. No importa si son "buenas" o "malas", lo único importante es que tú tienes la capacidad de aumentarlas, disminuirlas o desaparecerlas. Por medio de tus pensamientos direccionas esos "tubos mentales" y según las emociones que le pongas, fuertes o leves, aumentas la potencia del caudal que fluye hacia ellas.

Les damos muchos nombres a nuestras emociones, las hay positivas y negativas. Estrés, ansiedad y pánico, son todos sinónimos, en diferente grado, de la palabra Miedo. Esperanza, ilusión, felicidad, fe y positivismo, en últimas, son sinónimos de Amor. Amor por ese futuro que quieres crear. Para que sea fácil de entender y no nos desviemos del propósito de este libro, hablemos solo de emociones positivas o negativas. Si es fuerte y constante la emoción, aumenta la potencia con la que inundamos las burbujas de pensamiento que tenemos y las hacemos crecer cada vez más.

Te recomendamos entonces que tomes este capítulo y lo apliques con felicidad y energía positiva. No funcionará si lo haces con sentimiento de carga e impotencia, tipo "me toca pagar deudas". Más bien hazlo entendiendo que es un paso en la estrategia de tu libertad y mantén tu mente en el futuro brillante que te espera.

Repito, pues ya sabes que… la repetición es la madre de todas las habilidades: la situación, deseada o no, en la que pases la mayor parte de tu tiempo mental y a la que dediques tus emociones, aumentará sin reparos. Si es en prosperidad y el futuro que quieres, prosperarás. Si tu enfoque y tu mente se centran en tus problemas financieros y deudas, no solo consumirás tu energía vital, sino que además crecerán esos problemas. Toma la decisión consciente ahora de que vas a vivir una vida sin límites y comienza erradicando la maleza, la maleza de las deudas malas. Has un compromiso de erradicar las malas prácticas financieras de tu vida. No te comprometas con empezar este proceso, comprométete con terminarlo. Las personas exitosas cuando toman una decisión se comprometen con llevarlo a cabo hasta el final. Las personas que nunca logran nada importante creen que el compromiso es comenzar. Por eso se comprometen con pagar una cuota mensual de un gimnasio y después no van. Se comprometen con comenzar una dieta y se acaba cuando les da hambre. Por eso abandonan tan pronto se presentan los retos, que son fundamentales e inevitables en cualquier proceso de crecimiento. El problema radica en que se comprometieron con "hacer algo" y no con "ser alguien diferente". No te comprometas con el proceso, comprométete con el resultado. Mejor aún, enamórate perdidamente del resultado y así el proceso se hará divertido. Declárate un enamorado total y absoluto de la vida que te espera y créeme que entonces, no solo disfrutarás del camino, sino que los obstáculos que encuentres, no serán muy relevantes.

Por último, piensa en cómo es esa persona que vive esa vida que tú quieres vivir. ¿Cómo es su vida? ¿cómo piensa? ¿Qué hábitos positivos tiene? ¿De qué hábitos negativos se ha desprendido? ¿Cómo se expresa? ¿Cómo trata a los demás y a sí mismo? En últimas, esto es lo más importante, pues lo que estamos buscando es convertirnos en alguien mejor y crecer como personas. Ahí está la verdadera recompensa. En esa versión mejorada no caben las deudas malas, ¿correcto? Pues hoy mismo comenzamos a eliminarlas. Y puesto que has elevado tu consciencia y tu inteligencia financiera, ¡nunca más caerás en ellas!

PROSPERIDAD ILIMITADA

LLEGÓ EL MOMENTO DE...
¡AUMENTAR TUS INGRESOS!

Hasta el momento hemos hablado de cómo bajar gastos. Llegó el momento de hablar de la otra parte de la fórmula, que es la más emocionante: ¡Aumentar los ingresos! Llegará un punto en el que no podemos o no queremos bajar más los gastos y la única salida para una vida mejor es ganar más dinero. Inclusive, puede ser que seas un joven que vive con sus padres y no puede hacer mucho con toda la reestructuración de gastos de la que hemos hablado hasta el momento, pues no pagas hipotecas, no haces las compras de la casa, no tienes seguros ni mucho más allá, aparte de tu línea móvil. Para ti la ventaja es que después de leer este libro, tendrás todas las herramientas para hacer las cosas bien desde el inicio y ser siempre un guardián de tu cashflow. En todo caso, seas quien seas, así apliques con juicio los consejos de este libro y logres liberar un flujo interesante de dinero o no tengas mayores gastos qué cortar, igual te recomendamos aumentar tus ingresos y, sobre todo, desarrollar nuevas fuentes de ingresos.

Existen muchas formas de hacerlo, pero queremos ser claros en la propuesta que te hacemos en este libro. No se trata tan solo de ganar más dinero, se trata de aumentar tu calidad de vida y para eso lo relevante no es cuánto ganas sino cómo te lo ganas.

En una crisis global como la generada por la pandemia del **COVID-19**, se hace evidente para muchos que contar con una sola fuente de ingresos es un riesgo impresionante. Pandemia aparte, igual vivimos en tiempos económicos volátiles y turbulentos. La crisis global ya venía y se pronosticaba hace años, pero lo acontecido este año 2020 lo ha acelerado a niveles inimaginables. Nosotros le decimos a la gente que tener un solo ingreso es como querer mantenerse de pie apoyado en una sola pierna durante un huracán. Es mejor estar al menos apoyado en 2 piernas, pues tendrás mucha más estabilidad. Ante una situación como la del 2020, el ejemplo es el mismo, solo que es un huracán con tornados simultáneos ocurriendo en sincronía alrededor del mundo entero y vientos de 300 kms/hora. Se necesita una estructura financiera personal sólida para sobrevivir a algo así, sin que la calidad de vida se vea afectada. Las situaciones extremas nos ayudan a evidenciar las debilidades de nuestro modo de vida y esta pandemia, con todo el dolor, las muertes y la tragedia, nos debe hacer conscientes de cuál es nuestra verdadera situación financiera y qué medidas debemos tomar para estar preparados ante cualquier situación futura, pues no podemos saber si en nuestras vidas volveremos a vivir algo así, pero sí debemos estar preparados. Como dicen por ahí, la primera vez no es tu culpa, pero la segunda sí.

Como lo vimos en el capítulo sobre el cashflow, cashflow, cashflow, una de las creencias más dañinas que hemos encontrado a través de los años es creer que ganar más dinero, de una sola fuente de ingresos, va a solucionar los problemas financieros. Esta es una terrible mentira que te convertirá en un esclavo del dinero y de los bancos. Hemos encontrado que esta es una creencia muy arraigada en las decenas de miles de personas con quienes hemos compartido y que tiene que ver con la "carrera de las ratas" que nos vendieron desde niños.

Conocidos autores nos hablan de esta carrera o "ciclo de la rata": trabajar, ganar, gastar y endeudarse, el cual comienza entre los 20 a los 25 años y para la mayoría, nunca se detiene, hasta la muerte. Lo comparan con los ratones de laboratorio que están en una rueda corriendo todo el día y no importa lo rápido que corran, no pueden avanzar. ¿Te suena? Tan pronto empezamos a trabajar comienzan a aumentar los gastos. Necesitamos un mejor plan de datos, transporte, tal vez un automóvil, parking para ese automóvil, tanto en el lugar de trabajo como en el hogar, ropa adecuada para el trabajo, aumentamos gastos en salidas a comer y quedadas de trabajo y como ganamos dinero y trabajamos por él, nos sentimos merecedores de mejores cosas, como un reloj más bonito, un mejor móvil o lo que sea. Aumentan nuestros gastos y además queremos independizarnos de la familia y tener nuestro lugar propio. Entonces pagamos una renta o una hipoteca, vacaciones para descansar de tanto trabajo y en la mayoría de los casos, como no podemos comprar el automóvil, la propiedad, los lujos y el entretenimiento, nos endeudamos, usamos tarjetas de crédito y pronto somos presas del ciclo de la rata.

En la medida en la que la vida avanza, aumentan esos gastos y sí, ganamos más dinero, pero igual gastamos más y nos endeudamos más. Es como que el combo se agranda en la medida en que avanzan los años. Así como cuando, en un restaurante de comida rápida, te ofrecen un combo agrandado de comida rápida, te ofrecen más patatas y una bebida más grande, pero ¿sabes qué? ¡Sigue siendo comida basura! Lo mismo pasa en la medida en que ganamos más dinero. Todo se agranda y no mejora nuestra calidad de vida, aunque aparentemente tenemos un mejor "estilo de vida" ante los demás. Estilo de vida es lo que los demás ven, calidad de vida es cómo te sientes con respecto a tu vida.

Conocemos por montones historias de personas que se ven muy bien, parecen tenerlo todo y la vida perfecta. Después te enteras de que están deprimidos, han caído enfermos por el estrés, se han divorciado o sus hijos están en drogas por los problemas familiares. Eso sí, ostentan el automóvil del año, vacaciones en Ibiza y casa de playa.

Te lo repito con claridad y una vez más: No se trata de ganar más dinero, eso no va a mejorar tu vida. Recordemos la ley de Parkinson que vimos en los capítulos iniciales, que dice que, cuando aumentan tus ingresos, en los siguientes 2 a 3 meses aumentan tus gastos en la misma o mayor proporción. Al aumentar tus ingresos, los bancos ven que te están pagando más y empiezan a llamarte para ofrecerte más tarjetas y más créditos, aumentando el tamaño del combo del ciclo de la rata.

Como te lo hemos reiterado, ya sabes que la repetición, es la madre de ... todas las habilidades, así que grábate esto a fuego querido lector: *no se trata de cuánto te ganas, se trata de cómo te lo ganas.* Ganar más dinero no mejorará tu calidad de vida, pero ganar de una forma diferente sí que lo hará. Kiyosaki lo dejó muy claro en su segundo libro "El cuadrante del flujo del dinero"; hay cuatro formas de ganar, como (E)mpleado, (A)utoempleado o autónomo, (D)ueño de negocio o (I)nversionista. El problema como (E)mpleado o (A)utoempleado es que siempre estás cambiando tu tiempo por dinero. Si eres empleado o autoempleado, aumentar tus ingresos significa 99% de las veces trabajar más y tener menos libertad. En cambio, los (D)ueños de negocios y los (I)nversionistas no trabajan por dinero ni sus ingresos dependen del tiempo que le dedican. En vez de eso, han construido o comprado activos que les traen dinero todos los meses. Si eres dueño de negocio o inversionista, ganar más significa casi siempre tener más libertad.

Un día hablaba con un amigo del colegio, tras un reencuentro por redes sociales, después de unos 20 años después de habernos graduado. Este era el chico con el que yo me sentaba en el bus todas las mañanas. Estábamos muy desactualizados y yo estaba muy interesado en saber cómo le iba en la vida, pues recordaba que era alguien muy inteligente. Sobre un café, me contó todo lo que había estudiado. Era impresionante. Tenía 4 títulos universitarios en diferentes programas como medicina, economía y antropología, los cuales había cursado en Colombia, en el Reino Unido y en USA. Yo no había escuchado nunca antes el grado de especialización al que había llegado. Llevaba estudiando desde que dejamos de vernos y seguía haciéndolo. Le manifesté lo impresionado que estaba. Entonces le hice una pregunta sencilla… ¿y cómo te va en la vida? Enseguida le cambiaron los colores de la cara, pasando de un orgullo por todo lo que había alcanzado en su vida académica a una expresión de agobio y desesperanza. Me contó que ganaba muy poco y entre lo que él y su esposa producían, no podían cumplir con sus compromisos mensuales, pues los gastos de su hija eran altos y pagaban poco en sus trabajos académicos. Eso lo hacía sentirse mal padre y esposo.

Él sabía, por nuestros perfiles en redes, que nosotros teníamos una vida en la que viajábamos con frecuencia por el mundo, cenábamos en lugares lujosos y asistíamos a los mejores eventos deportivos y culturales. Mencionó que le parecía admirable nuestro estilo de vida. Basado en esto y habiéndole dicho que lo consideraba una persona con una inteligencia destacada y alguien con capacidades excepcionales, le pedí permiso para contarle lo que yo pensaba de su situación. Él accedió.

Le dije que en la vida tendemos a especializarnos y enfocarnos en esas cosas que se nos dan bien, pues tenemos talentos naturales para ello. El que es numérico, busca tareas que tienen que ver con números y análisis. El que es bueno con la gente, busca tareas en las que interactúa con gente. Eso está muy bien y desarrolla el potencial que cada uno lleva adentro. El problema es que el arte de vivir es multidisciplinario y los seres humanos no somos una sola cosa, ni podemos definirnos por una sola actividad. Esto es una herencia maligna de la era industrial en la que nos identificábamos con una profesión u oficio. Es común recibir solo una respuesta a la pregunta "¿quién eres?". Por ejemplo "soy médico", "soy profesor" "soy carpintero". Como si no fuéramos nada más que lo que hacemos para ganar dinero.

Continué diciéndole que pensaba que nuestra vida era como una empresa con varios departamentos. Así como en una empresa hay un departamento de producción, otro de marketing, financiero, contabilidad, ventas, recursos humanos, relaciones públicas y otros. De igual forma, en nuestra vida hay varios departamentos, tales como departamento de salud, amor, relaciones, desarrollo profesional, espiritual, dinero (noten que el área "profesión" es diferente al área "dinero"). Si en una empresa uno de los departamentos no funciona bien, o peor, está clausurado, tarde o temprano terminará afectando a los demás departamentos, inclusive a los que funcionan de manera sobresaliente. Por ejemplo, si el departamento financiero no funciona bien, no va a haber dinero para financiar los demás departamentos ni para pagar los sueldos de los que pertenecen a esos otros departamentos.

Tarde o temprano los planes de marketing de la empresa, por ejemplo, se verán descontinuados, la producción se parará, el departamento de recursos humanos recibirá demandas de los empleados, el contable recibirá sanciones por no pago de impuestos y la empresa entera terminará en riesgo. Lo mismo ocurre con nuestras vidas. Si descuidamos por ejemplo la salud porque estamos enfocados en ganar dinero o en nuestro desarrollo profesional o desempeño como esposo/esposa, madre/padre, tarde o temprano ese descuido de salud causará enfermedad, vendrá a cobrarnos con intereses la desatención y terminará afectando todas esas otras áreas de nuestra vida donde estábamos poniendo empeño y dedicación. Un ejemplo que ilustra esto claramente, es que la razón más frecuente de divorcios son los problemas financieros, por encima de la falta de cariño o infidelidad. Podríamos hacer el mismo ejemplo con el área espiritual o de relaciones humanas, siempre pasa lo mismo. El ser humano tiene diferentes necesidades y cubrir solo una de ellas olvidando las demás, traerá consecuencias.

Le comenté a mi amigo que sentía que él se había dedicado a su profesión y a la academia hasta tal punto, que había descuidado por mucho tiempo el departamento de dinero en su vida, y que ahora esa desatención le estaba pasando factura y afectando las otras áreas de su vida, como el área de su familia. Le dije además que nos habían vendido una mentira cuando éramos niños y adolescentes; nos hicieron creer que el área del dinero estaba relacionada con el área de la profesión y que el éxito en una de esas áreas es proporcional al éxito de la otra. Esto es falso. Terminamos ese café y con agrado vi en los siguientes meses que hacía esfuerzos de emprendimiento en sus redes sociales. Espero de corazón que le esté yendo bien.

Repasemos esto una vez más porque es muy importante: la creencia de que "si soy buen profesional tendré dinero" es falsa y los ejemplos de personas que han triunfado en el desarrollo profesional para fracasar monumentalmente en sus finanzas abundan en este mundo. Una cosa es una cosa y otra cosa es otra cosa. Atención: **NO VAN DE LA MANO.** Debes atender cada una como lo que son, departamentos separados de la empresa que es la vida.

Si estás como estaba mi amigo y estás dándote cuenta de que tal vez haya departamentos de tu vida que has descuidado, ¿cuál es la solución? Pues no es ponerse a llorar por lo que no has hecho en el pasado, la solución es tomar acción y comenzar a dar pasos hacia el destino que quieres, en cualquier área de la vida. La forma más sencilla de hacerlo es preguntarse ¿cómo es esa vida que quiero construir? Si pudiera ir al futuro y verme realizado y satisfecho, ¿cómo paso los días?, ¿cómo es mi familia?, ¿cuánto me gano cada mes?, ¿cuánto de eso dedico a ahorro e inversión?, ¿cómo está mi salud?, ¿cómo es mi vida espiritual? Después tenemos que hacernos unas preguntas mucho más importantes que ya nos habíamos planteado en capítulos previos, pero que vale la pena repasar:

¿Cómo es esa persona que vive esa vida?, ¿qué habilidades tiene?, ¿cómo piensa?, ¿qué hábitos tiene?, ¿cómo trata a los demás?, ¿cómo se trata a sí mismo?

Y las más importantes en lo que respecta a este capítulo: ¿Cómo se gana el dinero? y ¿De qué forma recibe sus ingresos?

¿Y entonces qué hay que hacer? Pues aquí va: Ser ese tipo de persona desde hoy… ¿Fácil? No. Pero en la vida no hay que hacer lo que es fácil sino lo que vale la pena. Nunca hacer algo fácil te trajo un verdadero beneficio. Todo lo que te ha costado esfuerzo te ha llevado a aprender y a ser quien eres hoy. Esto, créeme, ¡vale la pena!

Volvamos al tema principal de este capítulo y a la lección más importante: no es cuánto te ganas, es cómo te lo ganas. En nuestros seminarios, preguntamos a la audiencia cuánto consideran que es una cifra mensual que les permitiría vivir la vida que quieren. Normalmente sale una cifra alrededor de unos 10.000 dólares. Entonces les pregunto si saben que hay gente que se gana esa cifra como empleado o auto empleado, a lo cual responden que sí, que los hay. Entonces les pregunto ¿cómo creen que es la vida de un empleado o auto empleado que se gana esos 10.000 dólares al mes? Suelen responder que es una vida agobiante, con altas probabilidades de tener problemas de salud y que es común encontrar personas que ganan ese dinero como empleados y auto empleados, con problemas familiares y divorcios. Por último, les pregunto si tuvieran que escoger un emoji para describir esa vida, cual escogerían y muchos coinciden en el que muestra mucho estrés, la gotita de sudar o el de cara triste. Paso seguido, les hago la reflexión de que otra forma de ganarse los 10.000 dólares es ser dueño de un local comercial en el cual hay un restaurante de comida rápida y paga 10.000 mensuales de arriendo. Es la misma cifra. Continúo haciendo la reflexión de cómo es la vida de esa persona dueña de ese local y todos coinciden en que seguro tiene una alta calidad de vida y los diferentes departamentos de su vida como la salud y las relaciones deberían estar bien, pues tiene tiempo para atenderlas. Por último, al preguntar por el emoji, muchos escogen el de la carita feliz o el de los lentes de sol. Misma cifra, vida muy diferente, ¿soy claro con lo que quiero decirte?

Casi siempre cerramos esas secciones de los talleres con la siguiente pregunta: además de que es evidente esperar que las personas del lado de Dueño de negocio e Inversionista tengan más posibilidades de una mejor calidad de vida, ¿dónde creen que hay más personas que se ganan esos 10.000 al mes? ¿Del lado del Empleado y el Autoempleado o del lado del Dueño de Negocio y del Inversionista? Como es de esperar, todos coinciden en que como Dueño de Negocio e Inversionista es mucho más común encontrar personas que ganan ese tipo de cifras e inclusive más.

De hecho... Si eres Empleado o Autoempleado, las leyes dicen que pagarás muchísimos más impuestos y no tendrás posibilidad de aprovechar incentivos tributarios ni bonificaciones que si podrás aprovechar como Dueño de Negocio o Inversionista. Tampoco podrás descontar la mayoría de los gastos que un empresario o inversionista si puede deducir. O sea que al fin de cuentas… ni siquiera te quedará lo mismo a fin de mes.

Casi te puedo oír pensando… "ya, pero es que ni soy dueño de empresas, ni de propiedades, no tengo dinero para comprar negocios o iniciarlos, ni para comprar bienes inmuebles". Pues de eso se trata este libro querido lector, de que puedas dar un salto del lado del E o del A al lado del D y del I, empezando de cero o en negativo, como comienza la mayoría, pues no solo no tienen nada, sino que tienen deudas. Este libro se trata de que traces un nuevo destino donde sí tienes negocios que dejan beneficios e inversiones bien sea financieras, que dejan dividendos y/o propiedades inmuebles, que generan renta.

Lo que te decimos, si eres de los que está pensando de esa manera negativa o "realista", es que te comprendemos y que nosotros empezamos exactamente en el mismo punto. Es normal que nos cueste trabajo pensar en un futuro lleno de negocios, activos y flujos de efectivo. Como no hemos elegido en el pasado los pensamientos, ni las creencias e ideas que ponemos en nuestra cabeza, de una manera consciente, somos producto de un sistema que quiere que pensemos que es imposible lograr el éxito. Hemos sido formados en un programa educativo que fomenta un patrón de pensamiento negativo. De hecho, el modelo educativo tradicional en la mayoría de los países, en un altísimo porcentaje, aún sigue estando soportado por las bases del modelo educativo prusiano, creado por y para el mundo industrial, donde la prioridad no era ni mucho menos que tu construyeras activos ni negocios. Este modelo educativo solo creaba personas trabajadoras y obedientes, capaces de soportar una rutina eterna e invitaba a no cuestionar lo establecido y a impedir las ideas creativas. Es normal que la mayoría no lo vea, es normal que la mayoría no lo crea. De hecho, aún hoy la prensa actual, suele atacar a todo lo que se sale del modelo establecido.

Si tienes la suerte de ser un visionario y querer una vida diferente, prepárate entonces a ser criticado por los demás. Es muy probable que, a menos de que tu familia sea una familia de tradición empresarial o poseedora de activos, te digan que estás equivocado, que estás loco y que inclusive te digan que te están lavando el cerebro y otro tipo de desfachateces. Hay un proverbio chino que dice que "clavo que asoma la cabeza se lleva un martillazo". ¿Por qué somos así los seres humanos? Bueno, debo decir que dentro de todo es normal. Por un lado, los que te aman quieren protegerte y les da miedo que te equivoques. Ellos fueron educados en ese modelo educativo del que ya hablamos y el valor motivacional número uno en ese modelo es el miedo. En el colegio, vivimos asustados por los exámenes, por los profesores, por las reuniones con padres de familia, etc. Todo hace parte de la preparación para que después le temamos al jefe y a las instituciones. Impera el miedo en el mundo adulto. Por otro lado, el hecho de que tú quieras una vida diferente, los hace cuestionarse en cuanto a sus propias vidas y los incomoda. Recuerda... la mediocridad es egoísta y busca compañía. Libérate de relaciones que no sean nutritivas. Bloquea por un tiempo a los "amigos" que no creen en ti ni en tus sueños. Como en el teléfono móvil, silencia por un tiempo los grupos que no te aportan. Preguntarás: ¿Y la gente que amo? ¿Mi familia? ¿Mi madre? Si no te apoyan, sigue amándolos, pero pasa menos tiempo con ellos mientras construyes tu propio éxito. Es muy chistoso… después te dirán "yo sabía que te iba a ir bien" y todo olvidado. No te extrañes también de que esos amigos y familiares que te criticaban regresen después a pedirte dinero y favores. Pero bueno, no importa, ¡has suficiente dinero para que puedas regalárselo!… no pasa nada.

La mayoría de las personas a tu alrededor casi siempre te dirán que te enfoques en solucionar lo inmediato en vez de "soñar con pajaritos preñados". Estamos de acuerdo en que, si hay urgencias económicas, hay que atenderlas y solucionarlas en el menor tiempo posible y para lograrlo, el atajo puede ser trabajar más horas o conseguir un segundo trabajo u ocupación por un corto periodo de tiempo. Pero hay que ser consciente de que eso no va a mejorar nuestro estilo de vida y no puedes quedarte ahí.

El objetivo de estas páginas es enseñarte cómo aumentar tu flujo para sanar tus finanzas y prosperar sin desmejorar tu calidad de vida, y la solución no es que trabajes como un animal y termines afectando tu salud y tus relaciones. La solución real e importante es que generes nuevos ingresos como Dueño de negocio o como Inversionista. Probablemente estés pensando que no tienes capital, conocimiento o cualquier otro recurso que te hicieron creer tus padres o la educación de la era industrial que era necesario para emprender e invertir.

Esperamos que, en este punto, así no sepas aún como lo vas a hacer, estés con ganas de hacer un cambio de cuadrante e ir por la D y la I. Nosotros estamos acá para decirte que el mundo cambió y que hoy puedes emprender sin tener esos recursos que eran necesarios en la era industrial. Es conocido que muchas de las grandes empresas de hoy comenzaron en garajes o dormitorios universitarios sin ningún capital. Hay conceptos como el crowdfunding que invierten en buenas ideas y startups (empresas jóvenes).

Hay formas de emprender desde tu casa con nada o casi nada de inversión. Como inversionista, también existen opciones de inversión en las que no necesitas de un capital o de mucho capital. Te invitamos entonces a que te desprendas de todas esas ideas anticuadas sobre el emprendimiento y sobre las inversiones que te enseñaron en el pasado y te permitas sembrar nuevas ideas sobre estas interesantes formas de ganar dinero que te catapultarán hacia un enorme flujo de dinero, aventuras y riqueza. De eso vamos a hablar a continuación. Pero recuerda, se trata de crear tu propia máquina de hacer dinero, máquina que acelerará tu camino hacia la libertad y la riqueza.

EMPRENDIMIENTO LOW-COST

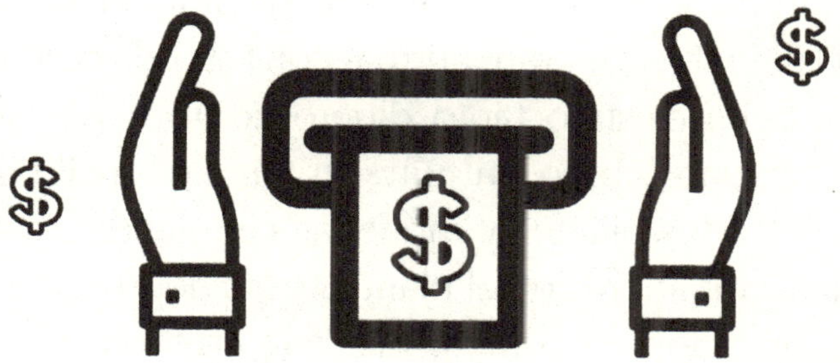

CREA TU PROPIA MÁQUINA
DE HACER DINERO

En esta época que estamos viviendo emprender es una necesidad y ante el análisis de consciencia al que nos ha sometido el **COVID-19** en el **2020**, es evidente que emprender es cuestión de supervivencia. Los millones que a nivel global perdieron su trabajo o cerraron sus pequeños negocios o prácticas profesionales, hacen que esto sea incuestionable. Como lo hemos visto a través de este libro, mientras se restringe cada vez más la manera de ganar dinero de la vieja economía, se abren puertas para generar ingresos en la nueva economía. La buena noticia es que estas puertas son mucho más amplias que las que existían antes y permiten que personas que antes nunca lo hubieran pensado, por ser imposible, construyan fortunas y sobre todo libertad sin nada de capital o conocimiento para comenzar.

Es común escuchar a la gente decir "no tengo dinero", "no hay plata", "hay crisis". Sin embargo, si consideramos la oferta monetaria, es decir, la cantidad de dinero circulante que hay en el planeta, podemos afirmar con rotunda contundencia que nunca ha existido tanto dinero como existe ahora. Te lo dejo tan claro como un número. Hay **60 TRILLONES** de dólares entre los billetes y monedas circulantes, las cuentas corrientes y de ahorro en el planeta y los depósitos a término de corta duración. El número más alto en toda la historia de la humanidad. El problema si tú estás apretado o sientes que la economía de hoy te castiga, no está en que haya dinero, está en a qué le estás apostando para generar ese dinero. En los sistemas para generar ingresos del siglo pasado, como son el empleo o la mayoría de trabajos profesionales de distinta índole, sí hay escasez. Por el contrario, si le apuestas a nuevas tecnologías de generar ingresos, hay mucho dinero. Empezaremos por explorar las opciones que existen hace años, para después entrar en algunas de las opciones más actuales y modernas.

En su libro "El cuadrante del flujo del dinero", escrito antes del año 2000, Robert Kiyosaki nos habla de que en el lado del D, dueño de negocio, existen 3 formas de crear una empresa. La primera es crear una empresa tradicional tipo corporación. La clave que él denomina como un indicador de que una empresa sea un verdadero sistema que no depende del dueño, es que tenga sobre 500 empleados. Es decir, una empresa de un tamaño considerable. Si te pones a pensar en lo que significa crear una empresa tipo CORP (corporativa) hoy en día, el hecho de que hay que competir con China, India, y con la industria de tu país que tienen 50, 60, 100 años o más de experiencia, las probabilidades de que surja una empresa nueva exitosa son remotas. Debes tener en cuenta que debes crear un sistema desde cero.

La segunda opción que nos da es la de adquirir una franquicia. Hoy hay una proliferación de franquicias. Ante las escasas posibilidades de éxito en el mundo empresarial tradicional y la necesidad de emprender, muchos optan por esta opción. Sin embargo… **ATENCIÓN**… ¡ten cuidado!. Hay muchas franquicias que no se han probado como modelos exitosos y que no tienen el tiempo suficiente en el mercado para calificar como una inversión buena y segura.

Recuerdo que hace unos años, cuando viajamos a vivir en Barcelona, cada vez que íbamos a Colombia empezamos a notar los cambios que ocurrían y que tal vez al estar ahí antes no hubiéramos percibido. Recuerdo que unos meses después de establecer nuestra segunda casa en Europa, al regresar a Colombia notamos que, cerca a nuestra casa, había un gimnasio nuevo en el que te conectaban unos electrodos y por medio de electricidad te estimulaban los músculos cuando hacías ejercicio. Prometía grandes resultados y decidimos probarlo. La sorpresa fue cuando regresamos meses después a Colombia de nuevo y nos dimos cuenta de que ahora en la misma manzana había tres gimnasios diferentes, con tres marcas diferentes. Nos explicaron que se trataba de franquicias y que había una guerra de precios entre ellos para captar mercado, por lo que el monto que habíamos pagado la primera vez se había reducido a la tercera parte. Lo más impactante fue que en el siguiente viaje a Colombia habían desaparecido los tres gimnasios. ¡¡¡Todo esto en menos de un año!!! ¡Hablamos de velocidad en la nueva economía! Es brutal y despiadada. Entendimos varias cosas, pues esto es solo un ejemplo, pero, a decir verdad, notamos lo mismo con varias franquicias de varios tipos, como alimentos, jugos, inmobiliarias, joyería, etc. La verdad es que las franquicias son atractivas porque suponen ser modelos "probados" que te ofrecen una altísima probabilidad de éxito. Tú estás comprando un sistema y ese sistema debe estar verificado, de lo contrario carece de valor. Sin embargo, lo que tenemos hoy es una oferta de "negocitos de barrio" que no se han consolidado y optan por el modelo de franquicia para aprovechar la necesidad de emprendimiento de las personas. Entretanto, las franquicias que son probadas en el tiempo, con grandes posibilidades de éxito, son extremadamente costosas y toma muchísimos años recuperar el capital invertido. Siguen siendo una buena opción porque al demostrar que pueden permanecer en el tiempo generando utilidades y adaptándose al cambio del mundo, tienen valor y pueden dar seguridad. Sin embargo, ni siquiera estas son 100% seguras y puedes encontrarte con que invertiste todo tu dinero y tu tiempo, te endeudaste para comprarlas por su alto costo, y aun así es posible que no triunfes. Es el mundo empresarial y así funciona. No hay garantías de éxito.

La tercera opción para desarrollar un negocio del lado de dueño de negocio que se convierta en un verdadero sistema, según Kiyosaki, es el Network Marketing. El valor que se le da a este emprendimiento es que se puede llegar a esa organización de 500 integrantes o más, como de la que se habla en los negocios tipo Corporación, para consolidarse como sistema, con la ventaja de que no son empleados, sino una red de empresarios independientes. Este sistema ha ido evolucionando a través de las décadas y aunque es aún muy joven e innovador, pues ni siquiera ha cumplido un siglo, lo que es muy poco para cualquier industria, ha demostrado su solidez y eficacia para adaptarse al mundo cambiante y ofrecer una oportunidad sólida y real para el emprendedor que está comprometido seriamente en construir su propio sistema. Aunque es cierto que la oportunidad depende mucho de la solidez de la compañía con quien se desarrolle, es impactante ver la evolución de esta industria en tan poco tiempo. Comenzó derivándose de la venta directa como una opción en que los más diestros en la venta podían generar comisiones entrenando a otros y basando sus resultados en el éxito de las ventas de esos pupilos, generando así mismo, ingresos según los niveles de profundidad en que se desarrollaba. De ahí se derivó el nombre de "multinivel", término que a nuestro parecer, no hace justicia a lo que las empresas más avanzadas de hoy en día están desarrollando, apoyándose en tecnología y comercio social, pero que sigue agrupando a muchas empresas que se encuentran en diferentes etapas de evolución.

Hoy, además de las 3 opciones que nos plantea Kiyosaki en sus libros clásicos, existen diferentes formas de emprender e invertir low-cost. Vamos a analizar un par de ellas en los siguientes capítulos, pero comencemos con la visión moderna y actual de su tercera recomendación.

EL NETWORK MARKETING DE HOY:
Monetiza tus Redes Sociales

En los años 80 y 90 se vio un cambio en las empresas top de la industria del Network Marketing en el que empezaron a priorizar el liderazgo sobre la venta. Encontraron que había un potencial ilimitado en construir organizaciones inmensas al rededor del globo y de generar ingresos enormes, construyendo su propia empresa. Esto empezó a atraer a profesionales y empresarios destacados de todo tipo y les dio la posibilidad de crear su propio activo sin dejar su profesión. Desde ese entonces, se volvió común conocer historias de profesionales como médicos cirujanos, ingenieros, abogados, dueños de restaurantes, ingenieros de todo tipo, dueños de cadenas de peluquerías, constructores, altos ejecutivos, corredores de bolsa, quienes decían cosas como "yo soy muy exitoso en mi profesión, pero decidí además emprender para crear mi propia empresa o mi propio activo. Lo hice por la libertad que este tipo de negocio me puede ofrecer, pues, aunque gano mucho dinero en mi profesión, no tengo el tiempo que quisiera para poder disfrutar de mi familia y de mi éxito." Acompañado de este cambio, vino una transformación también en la educación y en el entrenamiento que recibían los miembros de la industria, recibiendo formación en lo que hoy en día se llama "habilidades blandas", como inteligencia emocional, social, comercial, financiera y de liderazgo e influencia. Este cambio resultó muy atractivo para el mercado, pues se trataba de habilidades que no estaban enseñándose en ninguna otra parte y cada vez adquirían más valor en el mundo. De ahí que el mismo Kiyosaki le haya dedicado valiosos libros a la industria, como son Escuela de Negocios y El Negocio del Siglo XXI. Lo más valioso de este programa educativo era y sigue siendo, que los maestros no son teóricos sino prácticos y han aplicado en sus vidas lo que enseñan, generando resultados positivos. El crecimiento fue masivo y comenzó una proliferación de empresas de la industria, las cuales, al igual que las franquicias de hoy, en su mayoría no permanecían en el tiempo, porque no ofrecían un producto real, no tenían una sólida base financiera o no contaban con la plataforma educativa.

Con la entrada de internet se dio inicio a otra era en el mundo entero y también en la industria del Network Marketing, haciendo que procesos manuales y complicados como consultar el estado de la red y hacer pedidos grupales se simplificara y se hiciera individualmente. Mientras que Internet transformó muchas industrias, haciendo que negocios de diferente índole tuvieran que cerrar al quedarse obsoletos, esta nueva revolución impulsó los negocios de Network Marketing. Una vez más, la industria demostró una alta capacidad para adaptarse a los cambios globales y le sacó provecho al cambio en las tendencias. Luego, con la entrada de las redes sociales, las plataformas para hacer reuniones virtuales y las herramientas de comunicación como las apps de comunicación y los grupos, la expansión continuó por el mundo y llegamos al negocio de hoy, en el que contamos con un boom de los jóvenes en la industria, pues más que líderes, se han convertido en influenciadores que se apalancan en las diferentes redes sociales y tienen un impacto global. Basta con pensar en un ejemplo sencillo; en los 80´s para informar al equipo o promover algo, había que tomar el teléfono y llamar 1 a 1, a cada miembro de la red, mientras que hoy con un mensaje en un chat grupal, desde tu móvil o desde una publicación en una red, se puede alcanzar a miles y a cientos de miles. Por otro lado, a través de un video subido de forma gratuita a YouTube, podemos entrenar a millones online y crear eventos en vivo en simultánea con diferentes continentes, compartiendo sobre la oportunidad y los lanzamientos de estrategias, productos o técnicas, sin las restricciones que implica tener que hacerlo en un espacio físico y limitado.

Es por eso que hoy podemos, así como lo hicimos antes al hablar de la monetización del consumo, hablar de una monetización de los contactos y de las redes sociales de un emprendedor de esta industria. Este es un término que podemos comprender con facilidad hoy en día, pues tenemos ejemplos por doquier. De forma sencilla, puedes empezar a ganar dinero por aportar valor a algo que antes desarrollabas de forma gratuita, como subir videos a internet, recomendar productos o servicios, o aportar contenido de temas específicos. La industria del Network Marketing o comercio social (social commerce), como algunos lo llaman hoy, se resume en tres palabras: monetizar tus redes.

En el pasado, la forma en que se desarrollaba el negocio, muchas veces involucraba a personas que en una titánica labor tenían que ir 1 a 1, físicamente contactando y prospectando personas para presentarles el negocio de una manera presencial, bien fuera grupal o individualmente, muchas veces con altos niveles de intensidad que podían molestar al prospecto o realizando labores de poco prestigio, como entregar volantes en espacios públicos y actividades similares. Este viejo modelo que conocieron muchos y por el cual sienten aversión a la industria, ha desaparecido en las empresas top y ha sido reemplazado por tecnología, videos modernos y herramientas digitales que tienen que ver más con atraer a quien está buscando emprender que con perseguir al que no tiene interés.

En la medida en la que el mundo se encamina a ser digital, muchas empresas de la vieja guardia, en todas las industrias, están en riesgo de desaparecer. Lo que vemos en la industria del Network Marketing, o el nombre que se le dé hoy, es que continúa su evolución y que a la par del cambio, incorpora nuevas formas de hacer el negocio y amplía sus ventajas. Hoy por hoy, en un mundo donde las vías de las principales ciudades están colapsadas, la polución llega a niveles nunca antes alcanzados, las enfermedades se convierten en epidemias o pandemias en tiempo récord y la gente común dispone cada vez de menos tiempo, el desarrollo del negocio de Network Marketing de una forma digital, sin salir de casa, se convierte en parte de su propuesta de valor y le da a cualquier persona la posibilidad de emprender desde su hogar, monetizando cosas que siempre ha tenido y continuará teniendo, como su consumo de productos esenciales, sus relaciones, sus contactos y el tiempo que pase en línea, expandiendo su network y promoviendo sus productos y servicios.

Por otro lado, en la era de las tribus, tal cual como lo dice Seth Godin, las personas se mueven por ideales y siguen a personas que encarnen sus creencias. El Network Marketing se adapta a tal punto que el emprendedor puede promover lo que es importante para sí mismo, sea un joven que quiere vivir sin horarios, ni jefes y viajar por el mundo con la libertad propia del nomadismo digital, llevando su negocio en su móvil, o sea una madre que lo que quiere es pasar más tiempo en casa con sus hijos, sin que eso signifique ser menos productiva o dejar de generar ingresos. El Network Marketing también es bueno para un jubilado o una persona mayor, quien se encuentra con que el mercado laboral lo discrimina y no está interesado en contratarlo. Acá encuentra la posibilidad de emprender y convertirse en alguien que aporta y vale en la sociedad. Así mismo, es bueno para un trabajador promedio que sabe que haciendo lo que hace nunca llegará más allá de sobrevivir y de pagar sus deudas y sus cuentas, atado a un sistema que continuará ahogándolo, pues le permite desarrollar un ingreso paralelo que le dé flexibilidad y la posibilidad de llegar a liberarse de ese trabajo, con un mejor ingreso de su propio negocio. El Network Marketing es bueno también para el alto ejecutivo que gana muchísimo dinero, pero que no tiene tiempo para su familia o que quiere diversificar y crear otras fuentes de ingresos y sobre todo activos propios que no dependan de un tercero.

La resistencia de este tipo de emprendimiento ante las crisis es uno de sus puntos a favor. Aún en los momentos más críticos de la pandemia, las compañías top a nivel mundial, no solo continuaron abiertas, sino que crecieron porcentualmente en sus ventas. Al ser low-cost, estar fundamentadas en productos esenciales (o productos "de todos modos", como vimos en el capítulo "Monetiza tu Consumo"), permitir operar el negocio desde la casa, tener la capacidad de desarrollarse de manera digital de una manera fácil y contar en muchos casos, con un portafolio que refuerza el sistema inmunológico y es amigable con el medio ambiente, reúne muchas de las claves necesarias para triunfar hoy en día. Además, al no tener unos gastos fijos que te absorban, no puedes quebrarte. Vimos muchos negocios cerrar durante la crisis Covid-19. Sus altos gastos mensuales como alquileres, nómina y servicios, los derrumbaron al no poder operar como lo hacían normalmente. Eso no ocurre con un negocio de social commerce, pues no hay un pasivo ni gastos de este tipo. A lo largo de los años, se ha visto esta misma constante de crecimiento sostenido en épocas de crisis. Lo mismo sucedió en el 2008, la caída de las torres gemelas en el 2001, la crisis inmobiliaria de los noventa y la guerra de Vietnam. Una y otra vez la industria ha demostrado que la crisis beneficia su crecimiento, convirtiéndola en una excelente opción para crear un segundo ingreso que se sostenga cuando los otros tambalean.

Es en esta adaptabilidad que vemos un potencial inmenso en el Network Marketing y creemos con firmeza que cualquier persona que esté dispuesta a trabajarlo como una empresa, con dedicación y constancia, aún sin dejar su fuente primaria de ingreso, será capaz de construir su propia red, pues a diferencia de las otras dos opciones, donde uno crea el sistema en una empresa, como en un negocio tradicional, o lo compra, sin saber si tendrá éxito, como una franquicia, en el Network Marketing se entra a hacer parte de un sistema que ya funciona y que ya a otros les ha dado resultados, iguales o superiores a los mismos que el nuevo quiere lograr.

Las ventajas son enormes y diversas. Tienen que ver con el apalancamiento que este tipo de negocios te permite. Te apalancas en el dinero, en el conocimiento y en el tiempo de otros, así como en la tecnología con la que puedes tener una expansión global. Para comenzar, todo el modelo está basado en apalancamiento. Una vez el negocio despega, tú pones un 1% de esfuerzo del 100% de los resultados y puede llegar a ser el 1 por mil del esfuerzo frente al 100% de los resultados. Dependiendo de la compañía, hemos encontrado que las mejores te ofrecen comenzar con poquísimo dinero. Cifras con las que no podrías comenzar otro negocio cualquiera, de lo más elemental. Las inversiones son tan bajas, que no te alcanzarían para darte de alta en la cámara de comercio de tu ciudad o cubrir los gastos notariales que implica abrir una sociedad. ¿Por qué es así? Porque, aunque existe una gran inversión, esta no la pones tú, sino que te apalancas en el capital de la compañía. Además, los gastos mensuales son mínimos. Ni siquiera podrías pagar los servicios públicos de un negocio tradicional con lo que te cuesta correr un negocio de Network Marketing. El Potencial de ingresos es ilimitado y si la empresa es sólida y está en varios países, te permite expandir en otros mercados y producir ingresos en diferentes monedas, dándote múltiples fuentes de ingresos dentro de un mismo negocio y diversificando el riesgo. ¿Te imaginas vivir en cualquier lugar del mundo y estar produciendo dinero no solo en la moneda local de tu país, sino también en dólares, en euros, en libras esterlinas, yenes o cualquier otra moneda fuerte del mundo?

Otra ventaja enorme es que mientras ganas dinero construyes tu activo. A diferencia de producir dinero por ejemplo con una app de las de nueva economía, donde puedes estar repartiendo comida toda la vida, conduciendo pasajeros en un automóvil o rentando tu sofá cama, pero sin construir tu propia empresa, acá tu puedes ganar dinero también, pero en el proceso construyes tu propio activo, y eso es lo que más valor tiene. Un activo que en las empresas sólidas de la industria podrás heredar o inclusive vender, pero que sobre todo tiene una perspectiva ilimitada de crecimiento.

También, en la medida en que creces te convertirás en un mentor para otros, con la posibilidad de impactar la vida de personas y dar conferencias digitales o presenciales globalmente, dirigidas a grupos de emprendedores que estarán emocionados de escuchar tu experiencia y llenarse de fe gracias a tus enseñanzas. Viajar por el mundo, pasar tiempo de calidad con tu familia, vivir en propiedades de lujo, conducir automóviles de alta gama, apoyar fundaciones de niños o ancianos en tu país, ayudar a tu familia, ser reconocido y trascender, son algunas de las posibilidades realmente alcanzables con este modelo de negocio. Encontramos diferentes personas que han conseguido esto y mucho más, algunos convirtiéndose en verdaderos íconos de la industria y llegando a ser extravagantes, viajando en jets privados, asistiendo con trato VIP a los más importantes acontecimientos globales y haciendo parte de la farándula local. Más allá de esto, que para algunos puede ser superfluo, puedes hacer parte de una industria en la que tu éxito está basado en servir y ayudar a los demás llevándoles esperanza y empoderándolos para que desarrollen su mayor potencial. Como dicen muchos, es una industria plagada de "ojos brillantes", porque reaviva los sueños que las personas tienen en su corazón. Además, es un proyecto en el que el crecimiento personal no para y es normal encontrar personas que llevan décadas haciéndolo y continúan estando entusiasmados con lo que viene. Esta es una diferencia sustancial con respecto a lo que pasa con la mayoría de las actividades en las que vemos gente aburrida tras unos años de desarrollar su trabajo.

Desde el punto de vista de coach financiero, siendo ese el propósito de este libro, una de las ventajas más grandes que encontramos en este tipo de empresas es que, dentro del mismo emprendimiento, puedes generar múltiples fuentes de ingresos. Las mejores compañías pagan bonificaciones e ingresos por diferentes aspectos. Es así como puedes generar dinero por la comercialización de los productos o servicios, por la red que vas generando, por incentivos mensuales y anuales por crecimiento, ingresos por el desarrollo de líderes y estructuras dentro de tu network y también por el trabajo de mentoría y capacitación que desarrollas y otros honorarios, con diferente periodicidad, según la compañía de la que hagas parte. ¿Te imaginas? Son 2, 5, 10 o 15 ingresos dentro del mismo emprendimiento. Esto te permitirá con el tiempo separar esos ingresos y dedicar cada uno a algo diferente. Por ejemplo, puedes vivir con los ingresos de tu red, dedicar los ingresos comerciales a tu educación y crecimiento, dejar los bonos anuales para invertir en propiedades, usar otros ingresos para tus vacaciones y compras de lujos o aún mejor, donar parte de ellos a una causa en la que creas. Es decir, combinando el éxito de tu emprendimiento con inteligencia financiera, es casi inevitable que te hagas rico.

¿Y la mala fama?

Es común encontrarse con que la industria o el nombre de una compañía en sí genere comentarios negativos o sea criticada con dureza. La verdad es que mucha de esta predisposición está asociada a paradigmas antiguos que no se ajustan a la realidad actual ni a un concepto como *monetizar el consumo y las redes sociales*. Muchos arrancan su camino con entusiasmo en el Network Marketing para encontrarse con que su familia y amigos les dicen que lo van a engañar, que es una pirámide y que va a perder dinero porque ellos o alguien más ya lo intentaron sin éxito.

Uno de los **detox financieros** más importantes que podemos hacer es liberarnos de paradigmas y de neuro-asociaciones negativas que nos llevan a prejuzgar las oportunidades que se nos presentan. En la vida vamos asociando cosas que nos pasan con dolor o con placer. Sin embargo, la mayoría de las veces estas neuro-asociaciones son falsas y fueron determinadas por las circunstancias emocionales del momento. A todos nos ha pasado que creemos que odiamos algún alimento y el solo verlo u olerlo nos causa malestar. Sin embargo, en algún momento lo probamos de nuevo y resulta que sí nos gusta, causándonos gran sorpresa. Esto sucede porque probablemente cuando eras niño, algo pasó cuando ingeriste ese alimento, tal vez estabas enfermo o tus padres estaban peleando, o tenías problemas con otros chicos en la escuela. Lo que te quedó fue una asociación negativa entre ese alimento y tus sentimientos. Eso es una neuro-asociación. No tuvo que ver con el alimento sino con cómo te sentías. Lo mismo que sucede con los alimentos nos pasa con las personas y con los negocios, podemos sentir aversión sin justa causa.

Por otro lado, los paradigmas son la forma en que percibimos las cosas, los filtros mentales que tenemos y no responden a como son las cosas en realidad. Imagina este genial ejemplo que alguna vez escuché: una persona que no se portaba muy bien con sus semejantes, con enemigos y acostumbrado a insultos, va manejando su auto deportivo a 200 kilómetros por hora en una montaña. Al cruzarse con otro automóvil, alguien saca la cabeza por la ventana y le grita: "**BURRO**". Nuestro personaje se siente insultado y le devuelve el insulto, pero después de cruzar la curva siguiente se estrella de frente con un burro. Quien le grito burro, quería salvarle la vida, pero por su historia personal, por sus paradigmas, lo tomó como un insulto. Lo mismo nos pasa muchas veces en los negocios. Una experiencia negativa pasada, tuya o de otro, no debería determinar tu futuro ni tus decisiones. Podrías perderte de las mejores cosas de la vida por culpa de los paradigmas.

Existen varias razones para explicar por qué esto ocurre y si vamos a considerar emprender en esta industria debemos conocer por qué sucede y cuáles son las implicaciones que esto tiene. En primer lugar, nos hemos dado cuenta de que la mayoría de las personas juzgan el negocio por la persona que se los presenta o por alguna persona que conocieron en cierto momento de sus vidas, que estaba involucrado con una empresa de este tipo y proyectaba una imagen negativa del negocio. Es muy probable que a nosotros nos hubiera ocurrido lo mismo si nos hubiéramos encontrado en nuestros trabajos, en la mesa de dinero de un importante banco, o en la producción televisiva, y alguien con una imagen poco emprendedora y baja autoestima nos hubiera contactado con la visión de "reclutarnos" en su red.

Nuestra experiencia fue diferente, la persona que nos contactó fue alguien con una alta credibilidad, profesional, empresario del mundo de las finanzas y escritor. En todo momento pensamos que si alguien como esta persona estaba desarrollando este negocio era porque tenía que ser bueno. Sin embargo, a la mayoría de las personas no les ocurre esto y se les acerca un personaje desocupado, sin mucho éxito en la vida y eso hace que sesguen su opinión y no quieran realmente comprender este emprendimiento. Por ello es importante que, al analizar la posibilidad de emprender en esta industria, no juzgues el negocio por el mensajero, te documentes, leas, escuches y conozcas líderes del equipo al que están invitándote para ver si su visión se ajusta a la tuya personal.

Otra razón importante del por qué la industria cuenta con una imagen controversial es que a este tipo de negocios se puede incorporar cualquier persona. Ni la hoja de vida, ni el pasado judicial son requisito. Esto ocasiona que, por muy buena que sea la compañía, las personas que desarrollan el negocio puedan llevar a cabo malas prácticas y darle una mala reputación a la empresa y a la industria. Es así que, con el pasar de los años, diversos personajes han usado las redes de las compañías para promover ideales políticos, religiosos, negocios secundarios e inclusive malas prácticas con el dinero. Estas personas han sido expulsadas de las compañías y les han cancelado sus contratos, por su falta de ética y prácticas engañosas y hoy en día se dedican a criticar la industria después de haber abusado de ella. Sin embargo, el daño que hicieron fue considerable. Debo decir que esto ocurre en cualquier industria y que no por eso debemos descartarla ni mucho menos. Sería como elegir no tener nunca un automóvil o dejar pasar negocios automotrices porque famosas marcas de la industria automotriz desarrollaron malas prácticas, manipulando pruebas de emisión de carbono y otros gases. Igual ocurre en el mercado financiero en el que muchos han realizado fraudes y no por eso debemos evitar la industria.

Prácticamente no existe una industria en la que con el pasar de los años no hayan existido escándalos y las personas hayan cometido actos poco éticos. El problema no está en los modelos de negocio ni en las industrias. El problema está en las personas y la falta de principios y valores que anteponen el dinero al beneficio de la sociedad y se dejan cegar por la codicia. Nosotros recomendamos, si se va a desarrollar un negocio de este tipo, conocer a los miembros del equipo, a sus líderes. Debes saber cuánto tiempo llevan en la compañía, revisar su trayectoria y su imagen. No estoy hablando de la persona que está invitándote, quien puede estar comenzando y tener la mejor intención; estoy hablando de la estructura de liderazgo que lo soporta. Los Líderes Top de su equipo. Es frecuente encontrar que las personas que lideran las empresas fraudulentas que se hacen pasar por empresas de Network Marketing tienen pasados controversiales, vienen de compañías que ya no existen y han tenido incluso problemas con la ley.

Como tercer ingrediente de estas razones de controversia, encontramos a la frustración como protagonista, sentimiento que es común y transversal en toda industria. En las cámaras de comercio de las ciudades se registran miles de empresas todos los años, para encontrar que al cabo de 5 años sobreviven unas pocas. Todas las otras se quedan en el camino y muchas nunca llegan siquiera a abrir sus puertas al mercado. El Network Marketing no es diferente en este aspecto a los negocios tradicionales: solo un porcentaje de quienes comiencen tendrán éxito. Es común entonces, encontrarse a las personas, que se ilusionaron con construir fortunas, expresando su frustración porque el negocio no cumplió sus expectativas. Al analizar su experiencia, la mayoría de estas personas culpan a la empresa o a las personas que hacían parte de su network, pero rara vez reflexionan acerca de sus propias habilidades para emprender y liderar equipos. El Network Marketing no es mágico. Sobreviven y triunfan los mejores. Cuando conocí la industria, recuerdo ser presentado a un gran empresario de ella. Se dio la oportunidad y le pregunté cuántas personas de las que ingresan tienen éxito. Me respondió que un número muy bajo, un pequeño porcentaje de una sola cifra. Me disponía a marcharme cuando me dijo que estaba haciendo la pregunta incorrecta. Por supuesto le indagué y me dijo que la pregunta correcta era: "¿cuántos de los que trabajan de manera profesional este negocio, siguiendo al pie de la letra las recomendaciones de las personas que ya tienen resultados, profesionalizándose (como en cualquier actividad) y trabajándolo como un negocio serio a largo plazo, tenían éxito?". En ese caso, el número es altísimo, para tratarse de negocios. Entendí entonces que los negocios no son buenos ni malos, el componente clave es el empresario que hace funcionar los negocios. Esto es cierto en todas las industrias. Donde unos fracasan, otros triunfan. En industrias como la telefonía celular hay personajes que venden minutos de llamadas en la calle y viven en condiciones de pobreza, y también hay titanes empresariales que han creado imperios y riqueza ilimitada. La clave es el empresario y su visión. La buena noticia es que tú puedes encontrar a estos grandes visionarios en las compañías y lo que es aún mejor, tu puedes ser uno de ellos. Si la compañía tiene un programa educativo potente, que se enfoque en desarrollarte como líder, fortaleciendo tus habilidades de influencia y crecimiento personal, puedes lograrlo.

Por último, ante el boom de los negocios de este tipo, han proliferado muchas compañías de dudosa reputación que, asemejándose a las empresas serias y establecidas del mercado, dicen ser parte de una industria o se disfrazan de ella cuando realmente no lo son. Es así como desde hace muchos años empezamos a notar que en el mercado aparecían compañías que prometían enormes beneficios, pero desaparecían en poco tiempo, quedándose con el dinero de muchas personas y siendo clausuradas por los gobiernos o yéndose del mercado.

¡ATENCIÓN! Si le vas a dedicar tu tiempo a un negocio de Network Marketing, asegúrate de conocer muy bien quién será tu socio principal: la empresa. Es importante que revises a fondo su historia, sus números, su estabilidad a través de los años, sus galardones, su contribución social, las prácticas que utilizan en la manufactura, el tipo de productos que hacen, su ética y responsabilidad social. Revisa también las leyes que regulan la industria en tu país y entiende cuáles son los puntos que hacen que una empresa se constituya como una empresa real y legal. Encontrarás cosas como que una empresa sólida debe tener productos reales, no cosas extrañas difíciles de entender, y que el dinero viene de un desplazamiento comercial de esos productos en tu red y no de dar de alta a personas, tipo pirámide. Verás también que el costo de registro debe ser bajo y los productos deben contar con garantía de satisfacción. Todas esas cosas te ayudarán a detectar si te están ofreciendo algo que sea legal y confiable. Hay empresas que, al revisarlas a fondo, encontrarás que son ejemplares y su contribución real dista mucho de la percepción que algunos tienen de ella.

Espero que entiendas ahora el por qué nos encontramos con comentarios negativos al respecto. Lo más importante es que entiendas que esto te ocurrirá con cualquier emprendimiento y que eso no debe ser razón para desistir. Es normal sentir miedo al comenzar algo nuevo. El miedo es falta de información. Estudia con lupa la compañía y la gente que está compartiéndote sobre esta oportunidad y si es lo tuyo, emprende con actitud y determinación, buscando un resultado en el largo plazo con una amplia visión. Siempre sugerimos hacer un compromiso al menos de un año, que en su mayoría será de aprendizaje, para comenzar a profesionalizarse y entender esta industria.

Y si no es lo tuyo, hay otras opciones de emprendimiento e inversiones low-cost que existen hoy por hoy, con las que podrías crear tu máquina de hacer dinero. Te compartiremos a continuación algunas de las que hemos conocido y desarrollado, aunque sabemos que hay muchísimas más y ahora que tienes una actitud y visión empresarial, no dudamos que encontrarás la que mejor se adapte a ti.

INVERSIONES INMOBILIARIAS LOW COST

Las inversiones inmobiliarias son consideradas como unas de las mejores inversiones que pueden hacerse. Su estabilidad, valorización a través del tiempo y posibilidad de crear rentas constantes, hacen que muchos aspiren a tener inmuebles y, contar con ellas en un portafolio de inversión, es indicador de sabiduría y prosperidad. Además, son de las inversiones en las que más puedes apalancarte, teniendo en cuenta que los bancos tradicionales están dispuestos a prestarte la mayoría del dinero para que los compres, si les concedes la hipoteca sobre el inmueble. Si los bancos hacen eso y no están dispuestos a hacerlo de la misma manera con otro tipo de inversiones o negocios, por lo menos en el mismo porcentaje, quiere decir que los bienes inmuebles son de los mejores activos que se puede tener. Normalmente, un banco no te prestará dinero para que inviertas en la bolsa, a menos que garantices el préstamo con otro tipo de activos. Tampoco le prestarán dinero a una empresa nueva recién registrada. Por el contrario, sacarán sumas del 70, 80 o a veces hasta el 100% más gastos, en ciertas inversiones inmobiliarias, dependiendo del país donde las hagas.

Muchos, sin embargo, se abstienen de aprender sobre inversiones en inmuebles porque creen que se necesita tener mucho dinero para hacerlo o porque ven el precio de las propiedades y consideran que es inalcanzable participar. Contar con capital es una ventaja indiscutible, pero no es la única forma de invertir en propiedades.

Un ejemplo excelente, una modalidad que existe y toma fuerza es el **RENT TO RENT**. Es decir, alquila para alquilar a otros. Consigues por ejemplo una propiedad en alquiler y se la subalquilas a otro. Por ejemplo, una propiedad de 4 habitaciones que alquiles por 800 dólares y después realquiles cada habitación a estudiantes, entre 300 y 400 para un total de 1.400. Cada mes tendrás una jugosa utilidad y lo mejor es que no fue necesario comprar la propiedad ni correr con impuestos anuales, ni tampoco los costos desorbitantes por la compra y gastos de cierre. Eso sí, debes hacerlo con el conocimiento del propietario y comprometerte a sacar seguros y lo que haga falta con total responsabilidad. Habrá propietarios que se rehúsan a hacerlo, pero habrá otros que no tendrán problema, sobre todo si tú te encargas del mantenimiento, le pagas a tiempo lo que te pide y no le das problemas. La clave está en que los propietarios vean que sabes lo que estás haciendo y eres profesional en tu forma de actuar. ¿Para qué comprar la propiedad si lo que quieres son los beneficios? ¿Cuántas propiedades así podrías tener?

Tantas como puedas encontrar, pues no tienes que poner de tu dinero en ninguna, excepto tal vez algo de muebles y decoración.

Tenía veinticinco años de edad y Cata veintitrés, cuando hicimos nuestro primer negocio inmobiliario; se trataba de un proyecto de construcción que nos parecía que estaba ubicado en una muy buena zona y podía tener una gran demanda. La sala de ventas acababa de abrir y los precios eran de salida al mercado desde unos 25.000 dólares por apartamento. Con el equivalente a 200 dólares reservamos el nuestro, que Cata se encargó de escoger meticulosamente, teniendo en cuenta la altura, la vista que tendría, la luz y su posición con respecto al sol. El proyecto tardaría 18 meses en construirse y en los siguientes 90 días debíamos completar el pago de un 10% para un total de 2.500 dólares, es decir 2.300 adicionales a lo que ya habíamos puesto. 180 días después debíamos poner otros 2.500 y al final, 270 días después de la reserva, otros 2.500 adicionales para completar el 30% y solicitar un crédito por 17.500, equivalente al 70% restante.

El mercado inmobiliario en ese momento estaba en expansión después de salir de una crisis de varios años y en los siguientes 90 días el precio ya había aumentado en 5.000 dólares, para un total de 30.000, que era el nuevo precio de apartamentos como el nuestro. En ese momento, y conscientes de que deberíamos poner los 2.300 dólares adicionales que nos faltaban, compartimos con unos amigos que también estaban interesados en las inversiones inmobiliarias sobre la increíble valorización que habíamos tenido en apenas 90 días y de la proyección de que la valorización continuaría, porque había mucha demanda y quedaban cada vez menos apartamentos. Les vendimos la mitad de nuestra participación con un descuento, que ahora tenía un valor en papel de 5.200 (5.000 de la subida de precio más 200 que habíamos invertido); ellos estuvieron dispuestos a pagar el total de los 2.500 del 10% inicial, para ir como socios 50-50. Nos dieron 2.500 dólares, pagamos los 2.300 que teníamos que completar como parte del compromiso con la constructora y recuperamos nuestros 200.

Para ellos el análisis era el siguiente, la propiedad tenía un valor de 30.000 y después del pago que ellos harían de 2.500, todavía se le debería a la constructora 22.500. La porción de nosotros cuatro, los compradores, ascendía a 7.500 dólares (30.000 del valor actual menos 22.500 adeudados). Como ellos eran dueños de la mitad del negocio, serían dueños de 3.750 dólares. Tenían una rentabilidad inmediata del 50% de ganancia sobre su inversión. Ofrecerles esa ganancia inmediata en papel, era importante para que ellos se animaran a comprar.

En lo que respecta a nosotros, la inversión se había reducido a 0 y éramos dueños del 50% de la valorización del apartamento, es decir 3.750 dólares, igual que nuestros amigos-socios. Lo mejor de todo fue que en los siguientes 90 días los apartamentos se habían agotado casi en su totalidad. Entonces, le pedimos a la vendedora de la promotora que nos contara si había alguien interesado en un apartamento en el cuarto piso, donde teníamos el nuestro. Conseguimos un comprador dispuesto a pagar 37.000 por el apartamento después de negociar (pedimos 40.000 y ofreció 35.000). Al vender antes de escriturar, no hubo gastos notariales y salvo una propina que le dimos a la vendedora que nos refirió, no tuvimos más costos. Los nuevos compradores pagaron los 2.500 dólares que había que pagar a la constructora y se quedaron con la propiedad después de darnos a nosotros un total de 14.500 dólares que era lo que nuestro principal o patrimonio de la propiedad valía en ese momento (37.000 de venta menos 22.500, que aún debíamos a la constructora).

Al liquidar las cuentas, nuestros amigos sacaron 7.250 dólares, recuperaron sus 2.500 y tuvieron una ganancia de 4.750. La rentabilidad de ellos estuvo en el 190% en 90 días (un 760% anualizado) y estaban felices y con ganas de hacer más negocios con nosotros. Al día de hoy, somos grandes amigos, con quienes hemos emprendido e invertido en varios proyectos.

Nosotros por nuestro lado, tomando en cuenta que el único dinero que salió de nuestro bolsillo fueron 200 dólares, recibimos otros 7.250 limpios, pues nuestra inversión se había recuperado en los primeros 90 días, cuando nuestros amigos ingresaron como socios. ¡Esto es una rentabilidad del 3.625%! ¡Leíste bien, casi un cuatro mil por ciento, en 180 días o un 7.250% de rentabilidad anualizada! De hecho, como ya habíamos sacado los 200 dólares en los primeros 90 días, a partir de ese momento disfrutábamos de lo que se conoce como una rentabilidad infinita, pues ya no había dinero nuestro en la inversión.

Desde ese día nos enamoramos de las propiedades inmobiliarias y entendimos que la clave está en la habilidad para encontrar buenas oportunidades, más que en la propiedad en sí o inclusive en tener el capital.

ADVERTENCIA: lo que hicimos en este caso, solo funciona en mercados donde el sector inmobiliario está en expansión y esto puede cambiar súbitamente. No es la forma en que invertimos hoy en día, pero lo usamos como ejemplo para que veas que no es necesario tener mucho dinero y que gran parte del resultado depende de la forma en que estructures la negociación y la financiación del inmueble.

Como este hemos hecho varios negocios a través del tiempo con algunas variantes. Por ejemplo, compramos propiedades que remodelamos y les hicimos un lavado de cara, insertando algunos ingredientes de diseño que la hacían más atractiva y eliminando todo lo que las hacía poco atractivas, para después venderla un 30% por encima en apenas un par de meses. También hemos encontrado propiedades en las que hemos hecho promesa de compra con arras, pero hemos estipulado en el contrato que, además de ser sujeto a financiación, podremos cambiar el comprador final a un tercero que puede ser persona natural o jurídica, dándonos un plazo de 60 o 90 días para concretar. Hemos hecho negocios en los que, en esos 90 días hemos revendido esta propiedad o mejor dicho nuestra posición en el negocio o la opción de compra a un tercero, en varios millones más. Como se pone poco dinero comparativamente al firmar arras, la rentabilidad ha sido enorme. Por ejemplo, comprar una propiedad de 80.000 dólares poniendo 8.000 de arras, para venderla a un tercero antes de escriturar por 100.000 con una rentabilidad del 150% en menos de 60 días (ganamos 20.000 e invertimos 8.000).

También es posible hacer negocios inmobiliarios en los que tu entres sin capital, consiguiendo inversionistas que pongan el dinero y participando tu con un porcentaje de la operación e inclusive haciéndote de parte de la propiedad. En estos casos, tampoco pones dinero tuyo. Por ejemplo, consigues una propiedad con un valor de mercado de 60.000 por 45.000. Consigues un inversionista que la quiera comprar por 52.500 y le das 2 opciones. Puedes cobrarle una comisión (finders fee) por haber encontrado la propiedad o puedes proponerle que tú seas también propietario en un porcentaje menor. No estoy hablando de que montes una inmobiliaria y te pongas a comisionar sobre propiedades de finca raíz. Tampoco te insto a que te vuelvas agente inmobiliario. Estoy hablando de que seas un detective del mundo inmobiliario, especialista en encontrar buenas rentabilidades.

Después descubrimos que a este tipo de operaciones se le llama "flipping" en la jerga inmobiliaria y consiste en encontrar algo que va a aumentar de valor, bien sea porque el sector inmobiliario está en expansión, o mejor aún porque está por debajo del precio del mercado o porque tú puedes añadirle valor a la propiedad o a la percepción de la oportunidad de negocio con marketing y proyección. Entiende que muchas personas quieren invertir, no saben qué hacer con su dinero o no tienen el tiempo para buscar, y si tú te vuelves bueno encontrando este tipo de oportunidades, eso tiene mucho valor, así no tengas dinero.

Créeme, el dinero va a fluir hacia ti porque siempre fluye a las buenas oportunidades. Hay buenísimas oportunidades inmobiliarias allá afuera, en cualquier mercado, no importa si está en alza, estancado o a la baja. Muchas personas no ven una buena oportunidad inmobiliaria porque no les gustó la pintura del apartamento, el baño o el piso. Si tu o alguien de tu equipo aprende a tener visión, detectará oportunidades donde otros no las ven y con unos simples cambios, aumentará el valor de manera significativa, en un 15% o 20%. Como estamos hablando de cifras grandes, eso equivale a un montón de dinero. También puede ser que a la propiedad se le esté dando un uso que no es el mejor, por ejemplo, de alquiler tradicional cuando podría ser vacacional, por habitaciones o para estudiantes. Requiere que alguien con visión encuentre la propiedad, estructure el negocio y después lo venda o invite a invertir a otros que le compren su visión.

En países donde las tasas de interés son demasiado altas, como suele ocurrir en Latinoamérica, los mejores negocios inmobiliarios en que puedes apalancarte, están en hacer ese tipo de inversiones tipo flipping, teniendo en cuenta que solo tienes la propiedad por poco tiempo y no alcanzas a pagar muchas cuotas ni intereses. Por ejemplo, en Colombia se alquila entre un 4% a un 6% anual del valor de la propiedad. Sin embargo, los bancos te prestan por encima de un 10% anual. Dependiendo de tu score crediticio, puede acercarse inclusive al 20% anual. Eso quiere decir que por cada peso que te prestan estás perdiendo dinero (te prestan al 10 y alquilas al 6, tienes un -4%), y por eso normalmente no es atractivo comprar para alquilar a largo plazo con crédito hipotecario.

En Estados unidos y Europa ocurre lo contrario. Los bancos te prestan a tasas bajísimas y alquilas a un porcentaje muy superior. Por ejemplo, ahora tenemos algunos créditos en que nos prestan al 1% anual y tenemos alquiladas las propiedades al 7%. Vale la pena apalancarse pues por cada euro que nos prestan, le sacamos un +6%.

Es importante entender que las condiciones varían en cada país según los impuestos, las condiciones hipotecarias y los ciclos de mercado, así como la oferta y la demanda. Por eso nos limitaremos a darte algunos principios básicos que funcionan en cualquier lugar y dejamos bajo tu responsabilidad el averiguar los detalles de tu mercado local y país, si quieres apostarles a las inversiones inmobiliarias. En otros espacios como talleres o futuros libros, compartiremos más sobre estrategias inmobiliarias basándonos en nuestra experiencia. Por ahora te compartimos 3 claves.

Clave 1. 100:10:3:1

Este principio ha sido compartido por los gurús del mercado inmobiliario y quiere decir que de 100 propiedades que analizas, pondrás ofertas en 10, negociarás en 3 para quedarte con 1. Lo hemos comprobado y realmente funciona así en la práctica. Debes definir el tipo de propiedad que estás buscando para invertir según el uso que le vas a dar. ¿Te parece mucho 100? Imagínate que antes no existían los portales inmobiliarios en internet y había que ir uno por uno haciendo tus propias fotos para poder analizarlo. Hoy la verdad es que lo tenemos muy fácil. Solo se requiere de un poco de disciplina y ya está. En todo caso, esa propiedad con la que te quedas podrás tenerla toda la vida, es como un matrimonio; por lo tanto, es clave que para que sea exitoso hagas tu parte del trabajo investigando y revisando toda la información.

Ojo con esto: confía, pero verifica. ¿Te dijeron que una propiedad así se alquila entre tanto y tanto? Verifícalo. Recuerda que el vendedor gana porque tu compres la propiedad, no porque tu hagas dinero con ella ni porque tengas buenas rentabilidades. Ese es tu problema. ¿Los gastos comunitarios están al día? ¿El pago de impuestos? ¿Hay pagos pendientes por valorización o cuotas extraordinarias (derramas) por pagar por obras o gastos del edificio? Verifica las facturas. ¿Te dijeron que los vecinos son buenos y tranquilos? Verifícalo. Pide ver las actas de las reuniones de vecinos y verifica si hay quejas. Toca puertas en algunos pisos de vecinos, identifícate y pregúntales por su experiencia. Te sorprenderá lo que la gente está dispuesta a compartir. Habla con quien presida la comunidad de vecinos y con la oficina administradora. Recoge toda la información posible para que no estés comprando un problema.

Hace poco estuvimos a punto de comprar una propiedad en Zaragoza, pero al visitarla y hablar con los vecinos, nos enteramos de que había unos vecinos problemáticos. Revisando las actas de reuniones de vecinos encontramos que un inquilino de una de las residencias, tiene problemas mentales desde hace años, asusta a los vecinos, hay sospechas de tráfico de drogas y además quienes viven ahí son desaseados, pues el mal olor llega hasta el ascensor. Quienes han ingresado a la residencia dicen que tienen el inmueble destruido. Esto le disminuye valor a toda la propiedad. Si no hubiéramos hecho nuestro trabajo de investigadores y hubiéramos creído a ciegas en el agente comercial, quien debo decir que era un buen profesional y tenía la mejor intención, hubiéramos comprado muy caro un dolor de cabeza.

Clave 2. El negocio se hace al comprar, encuentra los #NOQUIERO

No creemos en el negocio de inversiones inmobiliarias esperando (rezando por) valorización. Muchas personas creen que ser inversionista es comprar sobre planos en un proyecto de construcción. Muchas veces en estos proyectos te dan chocolates, cafecito y si les compras te darán las llaves en una caja muy bonita, una carpeta hermosa y un llavero. Tenemos un dicho: "si tiene moñito, otro se queda con el dinerito". ¿Quién crees que paga por todo eso, por la sala de ventas, los sueldos y todo lo demás? Tienes razón, eres tú como comprador. En este tipo de proyectos, salvo alguna situación especial, el dinero ya lo hizo otro y el comprador es el último en entrar en escena, pagando por una larga cadena de beneficiados. En otras palabras, casi siempre estás comprando caro. Ya no puedes generar valor a una propiedad así, y te repetimos, el dinero está en generar valor. El negocio debe ser bueno así no se valoricen las propiedades.

Existen dos tipos de negocios, los negocios tipo vaca lechera (que generan renta) y los negocios tipo vaca de carne (en los que esperas vender después de que suba de precio). El problema de los negocios tipo vaca de carne es que para ganar dinero tienes que vender el activo (matar la vaca). Aunque está bien al inicio hacer negocios tipo vacas de carne, buscando ampliar tu capital, el ideal es llegar a tener muchos inmuebles tipo vaca lechera y vivir de la renta de estas propiedades. Imagina qué delicia tener un edificio con 60 unidades, cada uno generándote entre 800-1200 dólares al mes. Cada mes, trabajes o no trabajes. Eso es lo que se llama vivir de los verdaderos ingresos residuales.

Los negocios de flipping que hemos mencionado, son negocios tipo vaca de carne y funcionan muy bien en economías en expansión. También pueden funcionar muy bien si aprendes a cazar oportunidades, no solamente en épocas de expansión sino en cualquier momento. Por eso se dice que, en inversiones inmobiliarias, el dinero se hace al comprar. Se refiere a que debes encontrar esa propiedad que, a pesar de ser un excelente activo, está cubierta con una capa obscura que no deja ver su potencial. Algún problema que no es de la propiedad en sí, sino de los propietarios, y que hace que esté por debajo del mercado en un 20%, 30% o 50%. ¿Cómo encontrar estas propiedades? Pues primero que nada siguiendo la regla del 100:10:3:1.

Segundo, debes buscar las personas que son un **#NOQUIERO**. Personas que por alguna razón ya no quieren la propiedad, es para ellos un estorbo costoso y solo quieren liberarse de ella. ¿Qué puede ocasionar que una persona sea un **#NOQUIERO?** Pues hay varias razones como divorcios, peleas entre hermanos por herencias, mudanzas a otras ciudades o países. También ocurre porque la persona no esté muy involucrada en el negocio y no conozca los precios del mercado. Por otro lado, puede ser que no tenga dinero para hacer frente a los cargos de la propiedad como impuestos o gastos de comunidad y tenga que venderla o la perderá. Puede ser que no le importe porque no es su negocio y está enfocado en otras cosas o se mudó de país. Tal vez sea un inversor que ha cambiado de estrategia y ahora quiere invertir en otro tipo de propiedades. Las propiedades de este tipo suelen estar descuidadas, debido a que nadie las mantiene. Muy probablemente con alguna capa de pintura y unos arreglos aquí y allá puedes darle la vuelta y volverla muy atractiva si está bien situada. Puedes encontrar estas propiedades siempre que estés dispuesto a hacer el 100:10:3:1. Por eso cuando compres esta propiedad, harás un gran negocio, sin importar si el mercado sube o baja en el futuro. Si la quieres como vaca de carne, la venderás en poco tiempo a precio de mercado después de arreglarla un poco; si la quieres como vaca lechera, te dará mejores retornos de inversiones pues la compraste a un buen precio versus la renta que percibirás.

Clave 3. Localización, Localización, Localización.

Lo más importante es dónde está situada la propiedad. Los negocios inmobiliarios se tratan de generar valor a la propiedad o al negocio. Puedes hacer mucho por tu propiedad para mejorarla, pero no puedes hacer nada por el vecindario o el edificio donde está ubicado. Puedes reformarlo de pies a cabeza, pintarlo, hacer un marketing espectacular, pero si el barrio es malo, queda al lado de una autopista con mucho ruido, tiene alta criminalidad y los vecinos son indeseables, o cualquier PERO grande, no podrás retener inquilinos por mucho tiempo y te será muy costoso y poco rentable el negocio. Puedes también proyectar rentas, cambiar el uso a habitaciones o turístico, pero si tienes problemas con la regulación y las leyes, no importarán mucho tus planes, vas a perder dinero.

Debes encontrar la peor propiedad en el mejor lugar. El patito feo que puede ser un cisne. De las cosas que más nos gusta de la inversión inmobiliaria es la posibilidad de aportar valor a ella. En la bolsa, inclusive en fondos inmobiliarios tipo SOCIMI (Sociedades Cotizadas Anónimas de Inversión en el Mercado Inmobiliario, son un vehículo de inversión nacido en los Estados Unidos y que después se trasladó a Europa), no depende de ti sino del mercado que suba o baje de valor, pues es otro quien administra la propiedad. En cambio, en una propiedad tuya, puedes añadirle valor, bien sea cosmético, funcional o al negocio como tal (por ejemplo, cambiándolo de alquiler de larga duración a turístico), haciéndolo más atractivo, mejorando la demanda y así mismo el precio de la propiedad o la renta que puedes cobrar.

Has un estudio completo no solo de la ciudad en donde vas a invertir, sino del barrio como tal y hasta de la cuadra. ¿Cómo es el transporte público? ¿El estacionamiento? ¿La cercanía de lugares de trabajo? ¿La población está creciendo o disminuyendo? ¿Han cerrado plantas de producción que daban mucho trabajo? ¿Qué perspectivas hay mirando hacia adelante en cuanto a nuevas oportunidades de trabajo en esa localidad? ¿Está ubicada en un lugar atractivo para estudiantes? ¿Tu propiedad tiene cerca lugares como supermercados? Todos estos factores te dan información sobre si es una buena localización, y esa es la clave máxima para comprar. Así termines pagando más de la cuenta por tu inexperiencia, con el tiempo tu inversión se salvará si es una buena localización. De lo contrario, por muy barato que compres, estarás comprando un problema.

INFOEMPRENDIMIENTO:
Monetiza tu Conocimiento

Y tú ¿qué puedes enseñarnos? Hoy en día están de moda influencers, youtubers y líderes de opinión. El mundo tiene hambre de aprender sobre diferentes temas y buscan expertos que les enseñen los secretos, las claves, los paso a paso y los procedimientos dentro de las diferentes actividades, desde cómo volar un Dron hasta cómo convertirse en un gran empresario. Todo esto parece nuevo, pero no lo es, comenzó hace tiempo con algo muy sencillo, llamado "el infoproducto" (un producto de información que hoy puedes vender online). Siguiendo con la línea de este libro, se trata de que monetices tu conocimiento. De la misma forma en que hemos hablado de monetizar tu consumo y tus redes sociales, ahora puedes monetizar tu conocimiento y tu experiencia.

Los infoproductos llevan tiempo en el mercado. Es la venta de conocimiento a través de diferentes medios.

Pioneros como Earl Nightingale (1921-1989), que tenía un programa de radio y era escritor, comenzaron a compartir con los demás diferentes fórmulas para el éxito y realización personal. En la medida en que ha avanzado la tecnología, también hemos tenido acceso a otro tipo de herramientas para compartir conocimiento, aparte de libros y radio, como los audios, que comenzaron a circular desde mitad del siglo XX y pasaron por diferentes procesos como cassettes, audiolibros, mp3, webs de alojamiento, etc. Es obvio que con la explosión de internet la propagación de esta información tiene alcance global y hoy podemos desde nuestro teléfono móvil y gratuitamente o pagando muy poco, compartir desde pequeñas frases inspiracionales, cortos videos de cómo hacer algo, hasta clases, seminarios completos de varios días, talleres extensos o técnicos.

Además de todo, es una realidad incuestionable que este tipo de aprendizaje se adecua muchísimo al mundo de hoy y a lo que nos espera en el futuro. De hecho, este libro se está terminando de escribir bajo el confinamiento impuesto por el gobierno en plena crisis del coronavirus. Vinimos a Latinoamérica a hacer una gira de 11 eventos presenciales, entre conferencias y talleres y nos encontramos con que después del primer fin de semana todo se había cancelado por las diferentes directrices gubernamentales y corporativos, buscando salvaguardar la salud de las personas. Acogimos con consciencia y buena gana las medidas, entendiendo que era por el bien de todos y comprendiendo cómo la vida está por encima de los negocios. Eso, sin embargo, no cambiaba el hecho de que muchísimas personas habían comprado sus entradas para ir a aprender y estaban expectantes de recibir los talleres de formación. Tampocc cambiaba el hecho de que tendríamos un impacto negativo financiero debido a las cancelaciones por los gastos en que habíamos incurrido.

Con un grupo de empresarios ejemplar, reaccionamos rápidamente y nos desplazamos al mundo virtual y en tan solo 8 días pudimos llevar acabo un evento donde se conectaron más de 2.700 puntos de acceso online, lo cual representaba al menos unas cinco o seis mil personas aprendiendo detrás de sus pantallas. Calculamos que es el doble de personas al que hubiéramcs tenido como audiencia en los eventos presenciales. Nos alegra de sobremanera haber podido compartir en este evento virtual claves de la libertad financiera. Claves como las que hemos compartido contigo en este libro, que sabemos que aplicadas cambian vidas. Es nuestra misión ayudar a otros a subir su Coeficiente intelectual financiero. Pudimos, además, cubrir los gastos de los eventos, tiquetes aéreos, etc., lo cual estuvo muy bien.

Durante esta pandemia del coronavirus, que estoy seguro cambiará el mundo y la consciencia colectiva de la humanidad, hemos visto cosas excepcionales. Clases de Yoga por Zoom, teletrabajo a un nivel masivo, conferencias, celebraciones de cumpleaños, quecadas de cafés y cervezas por facetime, tomadas de vino y picadas entre amigas y parejas, jugadas de cartas y póker con amigos que antes se reunían una vez por semana y ahora lo están haciendo con apps y video llamadas simultáneas.

Además de la inesperada y enorme pandemia actual, hay muchas otras cosas ocurriendo que llevarán a la gente a que cada vez más quiera estar en su casa y aprender desde ella. Cosas como la polución y la mala calidad del aire, que cada vez nos crean más alertas ambientales en las urbes, fuertes tormentas y temperaturas extremas causadas por el cambio climático, tráfico insoportable por la saturación de los automóviles en las vías de las ciudades, creciente inseguridad, nuevos brotes de diferentes virus y enfermedades, son algunas de las razones que nos llevarán a buscar el espacio seguro de nuestras casas para trabajar, socializar y aprender diferentes cosas.

Por un lado, como puedes ver, tu público estará esperándote. Por otro lado, la tecnología seguirá avanzando, suministrándonos las mejores herramientas para la conectividad. Ya se están implementando en el mundo entero las redes 5G para tener mayor velocidad de conexión, alcance, eliminación de las pausas, desfases y congelamientos de pantalla. El poder seguir a las personas que admiramos en las redes sociales nos ha hecho acercarnos a los mentores y tener acceso a sus últimas publicaciones, eventos o infoproductos de manera casi instantánea. Además, la realidad virtual y aumentada está en auge y a nuestro cerebro le cuesta distinguir entre un mundo virtual y uno real, haciendo que las reuniones, interacciones sociales y espacios de aprendizaje y emprendimiento, sean cada vez más atractivos y nos hagan sentir cercanos. Ya existe la tecnología para ponernos wearables (dispositivos que te pones, como unos lentes), que te permiten vivir experiencias 3D con tus socios de negocio, clientes o familia. Estos dispositivos se masificarán, como todo lo demás. Imagina estar en tu casa y compartir tu conocimiento con personas de todo el mundo, pues además serás traducido a cualquier idioma en tiempo real, sintiendo que estás con esas personas, viendo sus expresiones corporales y faciales y usando todo tu cuerpo para comunicar. Eso amigos, ya existe y potencializará toda la industria de los infoproductos como nunca antes.

Recuerdo cuando empecé a hacer reuniones virtuales que sentía que había una barrera que nos separaba y que era difícil conectar con otros. Solo fue cuestión de práctica. Hoy le digo a la otra persona que se consiga una bebida caliente y hagamos un whatsapp coffee, pongo el móvil en un lugar donde visualmente la experiencia de la otra persona sea agradable, creando una ambientación como la mesa de mi comedor, un sitio abierto o el salón de la casa. ¡Hasta puedo usar un fondo virtual! Tengo personas que me han dicho: "me siento como si estuviera ahí contigo". Todo es práctica amigos. Entre más rápido comiences y más lo hagas, mejor lo harás... recuerda lo que ya aprendimos: "Todo lo que vale la pena hacer, vale la pena hacerlo mal hasta que lo hagas bien." Aprender a desenvolverse en el mundo virtual no solo vale la pena, sino que es una necesidad imperiosa hoy en día.

Así que el mundo está preparado para que irrumpas con tu conocimiento y tus infoproductos. ¿Que nos vas a enseñar? ¿Tips de Salud, alimentación, negocios, deporte, espiritualidad, inversiones? ¿En qué te convertirás en un experto si no lo eres ya?

Eso sí, te hago una recomendación y es que seas auténtico y enseñes cosas que tú mismo hayas aprendido, experimentado y verificado con tu propia experiencia. Ahí está el verdadero valor: aportar contenido verificado. No se vale leer un par de libros y autodenominarte experto para salir a vender filosofía no comprobada. El mundo está ya lleno de charlatanes y no necesitamos más. Constantemente, muchos de los denominados youtubers e influencers son expuestos como mentirosos porque no son congruentes y no aplican lo que predican. Desde el que enseña un estilo de vida vegano, para que después sus amigas les hagan fotos y videos comiendo carne, como el que enseña a hacerse rico de la noche a la mañana y está quebrado.

Sea lo que sea que quieras compartir y enseñar, asegúrate que sean cosas que tú has comprobado en tu vida, porque de lo contrario, ¿en qué eres diferente de los demás? Necesitamos mentores, influenciadores y líderes de opinión que sean reales. La gente está hambrienta de conocimiento real y de líderes de verdad. Como dijimos en otro apartado de este libro, la gente verificará no tu boca sino tus pies. Dónde has estado en los últimos años, qué has hecho, a quién has ayudado a mejorar su vida.

No estoy diciéndote que tienes que pasarte los próximos 20 años haciendo algo para que después puedas enseñarlo. Puede que seas un joven que apenas comienza y creas que aún no tienes nada para enseñar y entonces asumas que esta opción no es para ti. Sin embargo, ten en cuenta que hoy en día el éxito y el conocimiento en un área se puede alcanzar rápidamente. Nosotros manejamos una cifra mágica que aprendimos: 10.000 horas. Cuando pasas 10.000 horas aprendiendo y haciendo algo, te conviertes en un experto. Dependiendo de la intensidad y de la pasión con que lo desarrolles, equivaldrán a entre 5 y 10 años. Nosotros llevamos bastante más de 10.000 horas como empresarios y aparte como inversores, por eso podemos hablarte con convicción.

En últimas, se trata de que seas tú mismo y vivas tu propia vida, para que después puedas aportarnos tus lecciones aprendidas y las claves para el éxito, en esa área que has llegado a dominar.

CONCLUSIÓN

ARMANDO EL ROMPECABEZAS

Llegó el momento de ensamblarlo todo. Como todos los proyectos grandes, tu libertad financiera y tu prosperidad requieren de un excelente plan que cuente con varios ingredientes. Primero que nada, has adquirido conciencia acerca de la importancia de que te sobre dinero cada mes y lo fundamental para tu futuro que es contar con un flujo. Has comprendido el valor del dinero en el tiempo, la magia del interés compuesto y cómo vale la pena ahorrar con el propósito de hacer inversiones con el capital que ahorres. Tienes las claves para hackear tu biología, pagarte a ti primero y usar la gratificación diferida para tener la inteligencia emocional de ser persistente y consistente con tu plan financiero de libertad. También, comprendes si es mejor ahorrar o pagar deudas en el momento en que te encuentras y puedes tomar buenas decisiones en ese aspecto.

En tus manos está reestructurar tus deudas y gastos, con actitud y sin permitir que te presionen. Te unirás a la campaña de #STOP_Bullying_Financiero y nunca más permitirás que otros te induzcan a tomar malas decisiones con tu dinero convirtiéndote en esclavo financiero de los demás. Con toda la actitud vas a reestructurar y presupuestar tus diferentes gastos mensuales, como servicios y de consumo, y vas a ser un comprador inteligente, recogiendo toda la información actual del mercado, las promociones y la posibilidad de comprar a fabricantes *monetizando tu consumo* y liberando así los microcostos de tu vida para poder liberar flujos y aplicarlos a tu plan financiero.

Al mismo tiempo, podrás aumentar tus ingresos de manera progresiva. La fórmula que hemos expuesto en este libro consta de tres piñones grandes que hacen parte de la maquinaria que te llevará a la libertad. Esos piñones son, en primer lugar, tu *actividad tradicional* con la que vas a emprender tu plan sin riesgos mayores, pues mientras este despega tendrás el sustento para ti y tu familia.

En segundo lugar, tu *emprendimiento low cost*, con el que crearás tu máquina de hacer dinero, que no dependa al 100% de tu actividad diaria y que te creará flujos crecientes con los que, en un inicio, podrás limpiar el pasado y las malas decisiones que tomaste, haciendo una purificación de tus finanzas, un verdadero **detox financiero**. Así, podrás ir borrando progresiva y sistemáticamente tus malas deudas y creando un flujo libertador poderoso que será como un ejército a tu mando con el que podrás también comenzar a ahorrar, para llegar a crear un colchón financiero que te dé tranquilidad en caso de emergencias y seguridad en el largo plazo. Finalmente, *invertir* es el tercer piñón, con el que puedes crear otros activos que a su vez inundarán tus baldes financieros de crecimiento, expansión y riqueza.

Este proceso, siguiéndolo de cabo a rabo, te llevará a la seguridad financiera y no tendrás que volver a preocuparte por tu supervivencia ni la de tu familia, pues sus gastos estarán cubiertos por activos que generan flujos. Después conseguirás la independencia financiera y entonces no solo tendrás cubierta la supervivencia, sino tu estilo de vida actual, con algunos gustos y entretenimiento.

De ti depende después saltar al siguiente nivel que es la libertad financiera. La fórmula es la misma, seguir creando flujo, sumando nuevos activos e inversiones que sumen flujos de dinero a tu vida y creciendo tu máquina de hacer dinero, para llegar a conseguir no la vida que puedes sino la que quieres, la que tu familia y tú merecen.

Y querido lector, no tiene por qué parar ahí, aunque sabemos que para muchos es suficiente. Pero si eres de esos soñadores que quieren vivir la vida al máximo potencial y tener las mejores experiencias disponibles, hay aún un siguiente nivel, que llamamos la libertad financiera absoluta. Seguir lo planteado en este libro por un tiempo prolongado te permitirá alcanzar ese nivel. Es un nivel en el que ya el dinero no existe ni es relevante para la toma de tus decisiones. Simplemente vas por la vida escogiendo lo mejor de lo mejor, las mejores cosas y las mejores experiencias, sin mirar precios y sin limitarte en nada. Es una verdadera vida sin límites. ¿Es para todos? Por supuesto que no, pero si tú eres de esos que lo quieren todo, sin duda sí es para ti y sabemos que puedes conseguirlo.

Llegó el momento de la verdad y es ahora cuando se te abre la oportunidad de tomar acciones diferentes en tu vida. En últimas, lo que queremos es eso, salir y actuar diferente para cosechar resultados diferentes. Sin embargo, toda acción es preconcebida por una decisión. Cuando éramos nuevos en el emprendimiento, escuchamos una frase que nos marcó: "en la vida puedes tener un millón de dólares o un millón de excusas, pero no las dos cosas". Podemos validar después de nuestra trayectoria la realidad de esta frase. Los que dicen Vs los que hacen, los que ayudan Vs los que piden ayuda, los que son parte de la solución o son parte del problema, la víctima o el responsable. Tú decides de qué lado de la ecuación te vas a situar. Sobre todo, en esta época, en que necesitamos más que nunca personas responsables que ayuden a iluminar el camino y a empoderar a los demás.

Sabemos que en últimas lo que pase en tu vida y la aplicación de los conocimientos de este libro dependerán de una decisión emocional. Como lo hemos planteado antes, los seres humanos solo nos movemos en la vida por evitar el dolor y/o buscar el placer. Ante una situación tan extrema como la vivida en el 2020, en la que hemos visto amenazada nuestra forma de vida e inclusive nuestra supervivencia, es normal que muchos hagan un análisis reflexivo y profundo acerca del estilo de vida que llevan y de sus prácticas financieras. Más que nunca, se hace evidente que, aplicar los principios de inteligencia financiera que compartimos en este libro, es prioritario. Esperamos que haya un nuevo renacer de la consciencia en la mayoría de las personas y en tu vida propia, pues sabemos que, de esa manera, lo aprendido en estas páginas, tendrán un impacto positivo y profundo en tu vida.

Te agradecemos por llegar al final de este libro y por permitirnos compartir contigo nuestros conocimientos y experiencias. Es emocionante recibir mensajes de agradecimiento de personas que han asistido a nuestros talleres o recibido consejos a través de nuestras cuentas en las redes sociales. Son espectaculares las historias tipo "después del taller de inteligencia financiera con **@coach_financiero** comenzamos a ahorrar de inmediato 200 dólares al mes", "comenzamos a ahorrar por primera vez y ya tenemos un colchón financiero que nos permite dormir tranquilos", "hemos comprado nuestra primera propiedad que nos genera renta", "decidimos emprender y hoy tenemos nuestra máquina de hacer dinero que nos produce tanto al mes" "hemos puesto en práctica sus consejos y hoy tenemos libertad financiera". Nos emociona saber que nuestros aportes, basados en nuestra experiencia, han sido útiles para otros que también los han aplicado y han mejorado su vida.

Te pedimos entonces, que si lo que has aprendido acá tiene un impacto positivo en tu vida, nos escribas un mensaje por nuestra web **www.coachfinanciero.net** o por las cuentas de redes sociales contándonos tu experiencia, cómo esto te ayudó y cómo pudiste darle un giro a tu vida consiguiendo mejores resultados.

Gracias a lo que aprendimos y compartimos contigo en este libro, pudimos solucionar nuestras situaciones financieras y prosperar hace ya bastante tiempo. Nos sentimos muy agradecidos porque otros, antes que nosotros, estuvieron dispuestos a compartir esta información valiosa que transforma vidas. Alcanzar la libertad financiera es un gran logro que tiene un impacto positivo en todas las áreas de tu vida. Hoy en día, sin embargo, lo que más felices nos hace es saber que nuestra experiencia ayuda a otros y así sentimos que tenemos una vida con propósito y hemos podido trascender dejando un legado por medio de aportar valor a la vida de los demás. Eso sí que es la verdadera prosperidad y abundancia, cuando tu propia experiencia desborda en beneficio para los demás. Te deseamos de corazón ese tipo de riqueza.

FERNANDO PALACIO Y CATALINA CORTÉS

Empresarios e inversionistas desde hace más de 25 años con estudios universitarios en Economía y Diseño Industrial respectivamente. Entendieron que la educación tradicional no garantiza tener ca idad de vida y Fernando, apenas con 21 años, decidió emprender, permitiéndole en tan solo 18 meses triplicar los ingresos de su empleo en un banco, pudiendo "despedir a su jefe". Conoció a Catalina un par de años después, quien se desempeñaba en producción de televisión. Ella reemplazó su ingreso en poco tiempo con el emprendimiento.

Son Fundadores de JUMP Emprendimiento, marca dedicada a impulsar la creación de Activos y crearon la cuenta @Coach_Financiero en Instagram. Felizmente casados hace 20 años, viven entre Europa y Latinoamérica. Siendo Conferencistas Internacionales han impactado a mas de 500.000 personas. Su misión es ayudarle a la gente a SALTAR hacia la mejor versión de si mismos.

Nuestras redes sociales:

@coach_financiero
@ferycatapalacio

/coachFinancieroGlobal
/ferycatapalacio

Coach Financiero

www.coachfinanciero.net

Made in the USA
Monee, IL
17 September 2021

77620926R00132